Wilhelm Weygandt
Abnorme Charaktere in der dramatischen Literatur
Shakespeare - Goethe - Ibsen - Gerhart Hauptmann

Weygandt, Wilhelm: Abnorme Charaktere in der dramatischen Literatur
Shakespeare - Goethe - Ibsen - Gerhart Hauptmann,
Hamburg, SEVERUS Verlag 2010.

ISBN 978-3-942382-22-9
Druck: SEVERUS Verlag, Hamburg, 2010
Lektorat: Sylvana Freyberg

Bibliografische Information der Deutschen Nationalbibliothek:
Die Deutsche Nationalbibliothek verzeichnet diese Publikation in der Deutschen Nationalbibliografie; detaillierte bibliografische Daten sind im Internet über http://dnb.d-nb.de abrufbar.

Die digitale Ausgabe (eBook-Ausgabe) dieses Titels trägt die ISBN 978-3-942382-23-6 und kann über den Handel oder den Verlag bezogen werden.

© SEVERUS Verlag
http://www.severus-verlag.de, Hamburg 2010
Printed in Germany
Alle Rechte vorbehalten.

Der SEVERUS Verlag übernimmt keine juristische Verantwortung oder irgendeine Haftung für evtl. fehlerhafte Angaben und deren Folgen.

SEVERUS
Verlag

Über Wilhelm Weygandt

Wilhelm Christian Jakob Karl Weygandt (1870 bis 1939) war Direktor der ehemaligen Staatskrankenanstalt Hamburg-Friedrichsberg und, nach Gründung der Universität Hamburg, übernahm er dort die Professur für Psychiatrie. Seine Interessen lagen unter anderem im Bereich der Kinder- und Jugendpsychiatrie, der experimentellen Psychologie sowie in der Eugenik.

Weygandt wurde am 30.9.1870 in Wiesbaden geboren. Er studierte, nach dem Abitur 1889, in Straßburg und Leipzig Theologie, Germanistik, Philosophie und Psychologie und in Freiburg, Berlin und Heidelberg schloß sich 1892 ein Medizinstudium an. Mit der philosophischen Dissertation „Entstehung der Träume" promovierte Weygandt 1893 bei Wilhelm Wundt. 1896 folgte mit „Histologie der Syphilis des Zentralnervensystems" eine zweite Dissertation in Würzburg bei Konrad Rieger. In den Jahren von 1897 bis 1899 war er Assistent bei Emil Kraepelin in Heidelberg und habilitierte wiederum bei Rieger „Über die Mischzustände des manisch-depressiven Irrseins". Der Ernennung zum a.o. Professor folgte 1908 die Berufung zum Direktor der Staatskrankenanstalt Friedrichsberg in Hamburg. 1919 erhielt er den Lehrstuhl für Psychiatrie an der Universität Hamburg. Weygandt wurde im Jahre 1934 emeritiert. Er zog 1937 wieder nach Wiesbaden und verstarb dort am 22.1.1939.

Wilhelm Weygandt publizierte mehr als 600 Bücher und Artikel unter anderem über Aphasie, Malariatherapie, Hysterie und geistige Störungen bei Jugendlichen. Seine vielseitigen wissenschaftlichen Interessen und seine starke künstlerische Neigung fanden ihren Ausdruck in pathographischen Analysen von Kunst und Literatur.

Vorwort

Die folgenden Ausführungen sind in einem Vortragszyklus im Rahmen des Vorlesungswesens der Hamburger Oberschulbehörde Januar und Februar 1910 in der Aula des Wilhelmsgymnasium einem großen Kreise zu Gehör gebracht worden. In etwas erweiterter Fassung kommen hiermit die Vorträge zum Abdruck. Eine Einteilung entsprechend den verschiedenen Vortragsabenden habe ich vermieden, doch ist im übrigen die Form geblieben, wie sie damals zum Vertragszwecke angemessen erschien. Aus diesem Grunde sind auch die theoretischen Erörterungen nicht von den literarischen Beispielen getrennt, sondern jeweils bei passender Gelegenheit eingefügt. Anspruch auf Vollständigkeit wird nicht erhoben, es handelt sich vielmehr darum, die wichtigsten Gesichtspunkte an der Hand besonders anschaulicher Beispiele zu besprechen.

Inhaltsverzeichnis

Einleitung 9
Shakespeare 11
   König Lear und Edgar 13
   Macbeth und seine Gattin 22
   Hamlet und Ophelia 31
Goethe 51
   Gretchen im Faust 53
   Orest 55
   Tasso 58
   Lila 60
Ibsen 65
   Peer Gynt und Dr. Begriffenfeldt 70
   Helena in „Kaiser und Galiläer" 77
   Hilmar Tönnesen in den „Stützen der Gesellschaft" 77
   Nora und Dr. Rank 79
   Oswald und die „Gespenster" 83
   Dr. Stockmann im „Volksfeind" 87
   Gregers Werle, Hjalmar Ekdal, Leutnant Ekdal, Hedwig, Molwig und Relling in der „Wildente" 89
   Ellida in der „Frau vom Meer" 96
   Hedda Gabler 102
   Irene in „Wenn die Toten erwachten" 104
Gerhard Hauptmann 113
   Familie Krause in „Vor Sonnenaufgang" 113
   Hanneles Himmelfahrt 116
   Der arme Heinrich und Ottgebe 118
   Fuhrmann Henschel 126
   Rose Bernd 132

Einleitung

Die Kunst als Kultus des Schönen betrachtet hat seit alters den Kreis ihrer Herrschaft so weit ausgedehnt, daß auch das an sich Häßliche und zunächst nur den Gefühlston der Unlust Weckende darin eine Stelle finden und im richtigen Zusammenhange eines Gesamtwerkes künstlerisch wirken konnte. Der Dichtkunst vornehmlich ist es beschieden, durch ihren Glanz auch die Nachtseiten des Lebens, den Gegenstand von Furcht und Mitleid, zu verklären, ist doch der Tod des Helden geradezu der herkömmliche Ausgang des ernsten Dramas, der Tragödie. Auch die Schilderung der Krankheit kann künstlerische Eindrücke erwecken. Denken wir nur an die Darstellung der Pest im Lager der Griechen vor Troja, wie die Ilias sie schildert, denken wir an die erschütternde Krankengeschichte des Philoktet im Drama des Sophokles, von wo aus sich eine Kette mit vielen Gliedern schlingt bis zu dem grausenvollen Aufgebot der Aussätzigen in Hardt's Dichtung Tantris der Narr oder der vom Tod und Krankheit Geretteten in Maeterlinck's Maria Magdalena. Dieser Reihe körperlich Siecher parallel schreitet eine Schar dramatischer Figuren, durch die der Dichter das Nachtleben der menschlichen Seele, die psychopathischen Zustände für die Bühne zu gewinnen sucht. Von dem rasenden Aias des Sophokles bis, zur Ottegebe im „Armen Heinrich" Gerhart Hauptmann's können wir diese Erscheinungen verfolgen. Als abnorme Charaktere im weitesten Sinne möchte ich sie bezeichnen, insofern es sich bei ihnen keineswegs allein um Fälle langdauernder oder kurz vorübergehender Geistesstörung und schweren Irrsinns dabei handelt, sondern auch um jene Grenzzustände, die noch nicht als geisteskrank, aber auch nicht mehr als völlig gesund gelten können und die in das problemreiche Zwischengebiet zwischen normalem und krankhaftem Seelenleben hineingehören.

Die Schar ist so groß, daß ihre lückenlose Besprechung nicht einmal während der ausgiebigeren Vorlesungszeit eines akademischen Semesters möglich ist. Da mir nur vier Stunden zur Verfügung stehen, werde ich mich auf einige Stichproben beschränken, denen ich freilich bei entsprechender Stelle prinzipielle Erörterungen beifügen muß.

Shakespeare

Zunächst werde ich mich Shakespeare zuwenden, aber auch hier nur mit knapper Auswahl. Über seine abnormen Charaktere ist allein schon eine riesige Literatur erwachsen, bereits 1822 erschien ein derartiges Buch und lediglich das Problem des Hamlet-Charakters ist von nahezu 400 verschiedenen Schrift-Seilern bearbeitet worden. Trotz dieser Vorarbeiter läßt sich nicht das Gefühl der Verteidigung gegen den Vorwurf unterdrücken, als sei es anmaßend, wenn vom ärztlichen Standpunkt über literarästhetische Fragen geredet werde. Vom Einbruch der Barbaren in die Gefilde der Kunst und Psychologie wurde schon angesichts solcher Versuche gesprochen. Aber auch abgesehen von den zahlreichen Vorarbeitern in dieser Spezialfrage, zeigt uns jeder Blick auf die heutige Shakespeare-Literatur, wie ungemein detailliert, subtil und geradezu mikrologisch die Probleme sind, die aus unsterblichen Werken hervorgesucht werden. Sprachforscher haben Studien angestellt über das Hilfszeitwort to do oder über die Auslassung des Relativpronomens oder über den absoluten Infinitiv bei Shakespeare, Juristen haben die Verbrecher aus Shakespeares Dramen vor ihr Forum gefordert usw., Forstleute haben den jagdlichen Stoff aus den Dramen unter die Sonde genommen, vom Standpunkt des Apothekers wurden die mannigfachen Gifte geprüft, die bei Shakespeare eine Rolle spielen; warum soll da nicht auch der Arzt versuchen, zur Beleuchtung des Dichterwerks von seinem Standpunkt aus sein Scherflein beizutragen, eingedenk des Schillerwortes: „Wenn die Könige bau'n, haben die Kärrner zu tun!"

Ich möchte aber glauben, daß vielleicht mit weit größerem Recht als der Apotheker und der Oberförster usw. gerade der Psychiater Anlaß hat, sie zu den Dichtungen des großen Dramatikers seine Gedanken zu machen. Immer noch gilt das alte Sprüchlein: „Wer den Dichter will verstehn, muß in Dichter Lande gehn." Gewiß, aber gerade bei einem gewaltigen Dramatiker und Charakteristiker wie Shakespeare ist das eigentliche Heimatland seines Schaffens die menschliche Seele, aus der er mit unübertrefflicher Seherklarheit zu lesen versteht. Die Seele in all ihren Mannigfaltigkeiten und Nüancen, die Seele in ihren von der Natur mitgegebenen Eigentümlichkeiten und Abstufungen wie auch in ihrer vielfältigen Reaktion auf die vom Milieu geschaffenen Situation, die Seele in guten und schlechten, in gesunden kranken Tagen! Geradezu mit Vorliebe hat der große Realist auch die Abweichungen von der Norm und dem Durchschnitt herangezogen, um mit ihnen um so stärkere Wirkungen zu erzielen, ja sogar dann, wenn ihm der überlieferte Stoff derartige Züge bot, die für den Gang der Handlungen ziemlich belanglos und für die Schilderung des Helden nicht einmal förderlich waren. In dieser Hinsicht sei erinnert, daß sein Julius Caesar im ersten Akt erwähnt, er sei auf dem linken Ohre taub, und gleich darauf auch ein epileptischer Ohnmachtsanfall Caesars durch Casca beschrieben wird. Möge es darum einem Irren- und Nervenarzt vergönnt sein, sich über derartige Probleme zu äußern, um so eher, als er nach Bildungsgang und Neigung stets mit den Fragen der Literatur in naher Fühlung stand.

Ich will erwähnen, daß ich mich hinsichtlich der Shakespeare-Psychiatrie keiner der mannigfachen Vorarbeiten bedingungslos anschließen kann, wenngleich ich das inhaltreiche Buch von Sanitätsrat Dr. Hans Lähr als die relativ vollkommenste Behandlung dieser Frage anerkenne. Im Folgenden möchte ich jeweils die unser Problem betreffenden Kernpunkte in der Handlung der einzelnen Dramen hervorheben und dann eine Epikrise der fraglichen Charaktere versuchen. Nach der Analysierung der einzelnen

Charaktere komme ich zur allgemeinen Betrachtung, welche Bedeutung ihnen für das Drama überhaupt zukommt.

König Lear und Edgar

König Lear tritt vor uns als Herrscher eines mächtigen Reiches, das er lange Zeiten ruhmvoll regierte. In welchen Jahren er steht, ist schwer genug zu sagen. „80 und drüber" berichtete er später in der Geisteskrankheit; wie wenig darauf zu geben ist, das künden die folgenden Worte: „Keine Stunde mehr noch weniger", so sucht er zu präzisieren, obwohl er sich soeben doch nur ganz ungefähr ausgedrückt hatte. Es ist bekannt, daß geisteskranke, aber auch oft gesunde Greise in den Altersangaben ungenau sind. Wenn wir daran denken, daß die Töchter des Königs zu Beginn des Stückes noch jugendlich, kurz vor der Verheiratung sind, dann neigen wir eher dazu, ein geringeres Alter, höchstens 70, bei Lear anzunehmen.

Immerhin als ein Greis, der die Bürde der Jahre verspürt, erscheint uns Lear. Des Alters Züge können wir auch schon in der ganzen Auftrittsangelegenheit, jenem Scheinwettkampf um den Grad der Liebe seiner Töchter, erblicken. Die Teilung des Reiches ist wohl vorbereitet und genau abgemessen sind die Anteile der Töchter, aber doch knüpft der König die Ausführung der Teilung an die Liebesbekundungen der Töchter. Die Launenhaftigkeit des Alters läßt uns das Aufbrausen gegen Cordelia und gegen den treuen Kent besser verstehen. Gerade aus Kent's Worten hören wir, daß ein Wandel mit dem König vorging: „Was willst Du, Greis? Die Ehre fordert Gradheit, wenn Könige töricht werden." Das Gespräch zwischen Goneril und Regan läßt erkennen, daß Lear wohl immer etwas hastig war, während jetzt aber doch schon sein reizbares, gebrechliches Alter, die Schwäche, der Eigensinn und die

Launenhaftigkeit deutlicher hervortreten.

Alles dies sind nun immer noch physiologische Charakterveränderungen, wie sie das Greisentum naturgemäß mit sich bringt und diesem früher, jenem später aufbürdet. Es muß nun noch etwas hinzukommen, den Charakter des Menschen während seiner absteigenden Periode in neuer und krankhafter Entwicklung zu zeigen.

Zunächst vergnügt sich Lear an Goneril's Hof mit Jagd und Tafelfreuden, wirbt Diener an und weiß noch gelassen die bittern Sticheleien seines Narren zu ertragen. Über die zunehmende Vernachlässigung durch das Hofpersonal des Herzogs möchte er sich hinwegtäuschen. Er ist seiner selbst nicht mehr ganz sicher und meint, nur seinem Argwohn schiene das Benehmen als „sehr kalte Vernachlässigung". Erst die Strafpredigt, die ihm die älteste Tochter hält mit dem Vorwurf der Launen und der unnatürlichen Sinnesart, die öffnet dem Greis die Augen. Er zweifelt, ob er noch wach sei, er greift an die Stirn: „Schlag an dies Tor, das deinen Blödsinn einließ, hinaus die Urteilskraft!"

Goneril verfluchend, sucht er bei der zweiten Tochter Zuflucht. Er gedenkt dabei gar nicht der Möglichkeit, daß auch diese im Charakter ihrer Schwester nahe verwandt sein möge.

> „O schützt vor Wahnsinn mich, vor Wahnsinn, Götter!
> Schenkt Fassung mir! Wahnsinnig wär ich ungern ... "

So fühlt er seinen geistigen Zusammenbruch voraus, als er die beschwerliche, verhängnisvolle Reise zu Regan antritt. Hier erblickt der Greis seinen treuen Diener Kent gefesselt im Block. Da wird es ihm rasch klar, daß beide Töchter gegen ihn verbündet sind. Noch sucht er schwächlich seines Schwiegersohnes Feindseligkeit zu entschuldigen: „Der Herzog kann ja krank sein!" Die Töchter kommen, unter demütigem Flehen und wildem Fluchen tritt ihnen der Vater entgegen. Der heillose Undank und das Gefühl der eigenen Schwäche überwältigt ihn mehr und mehr. Er schreit im Bewußtsein seiner Ohnmacht nach Rache: „O Narr, ich werde rasend". In Wut stürzt er davon, die Gewitternacht der entfesselten Elemente soll seines Busens Stimmen übertönen: „Blast, Wind, und sprengt die Backen! Wütet, blast!"

Arm, elend, siech, verächtet fühlt sich jetzt der einstige Herrscher, der Königreiche verschenken konnte. Trotz und Rachsucht, die traurigen Trümmer des alten Herrscherstolzes, sind geschwunden. Er zittert in dem frostigen Sturm und fühlt Mitleid mit dem frierenden Narren. Der Greis merkt nun, wie sein Geist zu schwinden beginnt. Der Glanz seiner Vergangenheit ist vergessen, der Kinder Undank allein ist es, der noch an seinen Sinnen rüttelt — Auf dem Weg liegt Wahnsinn!"

Da tritt ihm als erschütterndes Spiegelbild Edgar entgegen, als Tollhausbettler, als armer Thoms verkleidet, und es entwickelt sich das grausige Dreigespräch zwischen dem Narren aus Beruf, der herbe Worte der Lebensweisheit spricht, dann Edgar, der Wahnsinn vortäuscht und in wilder Übertreibung Sinn und tollsten Unsinn mischt, und schließlich Lear, dessen Geist nun wirklich erkrankt. Zu Gericht will der entthronte König sitzen über seine entmenschten Töchter, Edgar sei der Ratsherr, der Narr sein Amtsgenosse. Er glaubt im Delirium die Töchter leibhaftig vor sich zu sehen, er halluziniert und wähnt, daß Hunde ihn anbellen. Niemand vermag er mehr klar zu erkennen und seine Äußerungen werden immer zusammenhangloser; deutlich tritt Ideenflucht hervor.

Seine Getreuen schaffen ihn nach Dover. Dabei vermag er sich zeitweilig zu orientieren; Reuegedanken über seine Härte gegen Cordelia und moralische Qualen gesellen sich zu den Leiden des Körpers und des Geistes. Er entweicht den Pflegern, planlos irrt er im Feld umher und bekränzt sich mit Blumen und Unkraut. Phantastisch geschmückt tritt er auf und spricht mit sich selbst in zusammenhangloser Rede. Halluzinationen bedrängen ihn, einen Burschen, eine Maus und Waffen glaubt er zu sehen. Im Herzog von Gloster erblickt er Goneril, aber da macht ihn der weiße Bart stutzig und er gedenkt der Schmeichler, die ihm selbst einst seines Bartes wegen Lobsprüche äußerten. Erinnerungsfetzen flattern auf: „Ja, jeder Zoll ein König! blick' ich so starr, sieh, bebt der Untertan". Lear fühlt sich als Richter über einen Ehebrecher, wohl durch den Anblick Glosters darauf gelenkt. Der Ehebruch scheint ihm gering gegenüber dem Undank seiner Töchter. Daher weht es ihm wie Verwesung entgegen, die eigene Hand riecht nach Sterblichkeit. Jetzt erst nimmt er Glosters Blindheit wahr und bald darauf erkennt er ihn deutlich. Laut jammert der kranke König über den Trug der Welt und will seine Kleider von sich werfen. Immer wieder bricht der Zorn gegen die Schwiegersöhne hervor. Dazu tritt auch Krankheitsgefühl an Tag: „Schafft mir einen Wundarzt, ich bin ins Hirn gehauen!"

Zum Schluß der großen Wahnsinnsszene treffen wir jenen Umschlag der deprimierten und zornmütigen Stimmung in eine ausgelassene, heitere Verstimmung, in jene eigenartige Situation so vieler Geisteskranker, die durch den grellen Gegensatz zwischen der traurigen Wirklichkeit des Kranken seiner lachenden Welt des Wahns so besonders greifend wirkt.

> „Brav will ich sterben! Wie ein schmucker Bräutigam! Was? Will lustig sein! Kommt, kommt, ich bin ein König, ihr Herren, wißt ihr das?"
>
> „So ist noch nichts verloren. Kommt, wenn ihr's haschen wollt, so müßt ihr's durchs Laufen haschen. Sa sa, sa sa."

Wie ein ausgelassener Junge entwischt der kindisch gewordene Greis seiner Umgebung.

Wir treffen Lear wieder im Zelt Cordelias, die zum Rachefeldzug gegen die Schwestern heranzieht. Den Greis umfängt jetzt Schlummer, den wohl die pflanzlichen Arzneimittel des tüchtigen Arztes befördert haben mögen. Musik und der Tochter Kuß erwecken ihn. Wie im Traum sieht er sich um, noch kann er sich nicht orientieren: „Es ist Unrecht, daß ihr aus dem Grab mich nehmt". Der Tochter ruft er zu: „Du bist ein Geist — Ich weiß es wohl — Wann starbst du?" Selbst der Stich einer Nadel überzeugt ihn noch nicht recht von der Wirklichkeit. Schließlich fühlt Lear selbst wieder sein Elend: „Ich bin ein schwacher, kindischer, alter Mann!" Dann erkennt er seine Tochter Cordelia klarer und denkt sofort daran, wie er sie gekränkt hat Die Besserung schreitet nun rapid vorwärts.

In den späteren Szenen begleitet Lear das Heer zur Schlacht. Aufs neue bricht das Unglück über ihn herein, er wird samt Cordelia gefangen genommen. Das kümmert ihn gar nicht, denn das Bewußtsein, bei seinem Kinde zu sein, erfüllt sein Interesse und er malt sich eine paradiesisch kindliche Zukunft aus, wie er mit Cordelia beten, singen, Märchen erzählen und Schmetterlinge haschen möchte. Der Irrsinn scheint nun im wesentlichen gewichen, aber der frühere Mann wird Lear doch nicht mehr. Nur einmal noch rafft er sich zur Mannestat auf, indem er den Mörder Cordelias niederschlägt und die Leiche der Tochter davonschleppt. Nunmehr sind seine Kräfte vollends erschöpft, Lear erkennt jetzt seinen alten Begleiter, den treuen Kent, nicht mehr und es kümmert ihn weder das Getümmel des Lagers noch Flut der sich überstürzenden Ereignisse, der Tod seiner undankbaren Töchter und Edmunds, allein die Leiche seiner Cordelia fesselt ihn, bis ihn plötzlich Atemnot überfällt und er alsbald, indem er noch brechendem Blick an seinem Kinde Lebenszeichen zu bemerken glaubt, selber stirbt.

Wollen wir die Krankheit Lears nach unseren heutigen Anschauungen beurteilen, so müssen wir die ganze Persönlichkeit mitsamt der Vorgeschichte ins Auge fassen, nicht nur die eigentlichen Irrsinnsszenen. Schon zu Beginn ist Lear ein Greis mit den deutlichen seelischen Zeichen des Alters, launenhaft, jäh in seinen Entschlüssen, dabei wird er immer unsicherer im Auftreten und in seinen Willensäußerungen. Auf dieser Basis bricht das Leiden aus, doch erst hervorgerufen durch seelische Erschütterungen und auch körperliche Entbehrungen.

Man spricht wohl in der modernen Psychiatrie öfter von Erschöpfungspsychosen, die sich vor allem in Verwirrtheit mit Sinnestäuschungen kundgeben und an ähnliche erschöpfende Anlässe wie bei Lear sich anschließen können, ja man hat schon den König Lear als einen derartigen Musterfall von Amentia oder Erschöpfungsirresein bezeichnet; doch ist dieser ganze Krankheitsbegriff wissenschaftlich noch viel umstritten, weil wir ganz ähnliche Störungen auch bei Menschen sehen, die sich nie einer Anstrengung oder Erschöpfung ausgesetzt haben; psychologische Experimente, die den Einfluß von körperlicher oder geistiger Anstrengung, von Schlafenthaltung und Nahrungsmangel eingehender prüfen sollten, haben wohl für die Schlafenthaltung eine beträchtliche Störung der geistigen Funktionen ergeben, während die übrigen Faktoren eigentlich nur unbedeutende Folgen für den Geisteszustand erkennen ließen.

Zutreffender können wir das Leiden Lears jedenfalls zu den bekannten Formen von Seelenstörungen in Beziehung setzen, wenn wir an die Geisteskrankheiten des Greisenalters denken, bei denen sehr wohl manchmal nach allmählichem Nachlassen der seelischen Kräfte ein rascherer Verfall eintritt, vielfach unter dem Bilde der Verwirrtheit. Die Vorboten sind deutlich bei Lear, vor allem neben den mehr physiologischen Zeichen des alternden Geistes treffen wir, wie bei manchen anderen Kranken, auch die vielen Ahnungen und Befürchtungen kommender Geisteskrankheit

Die Verwirrtheit selbst, der Wahnsinn des Stückes im engeren Sinne, ist bei Lear mit geradezu meisterhaften Zügen ausgestattet. Hierher gehören die Unfähigkeit des Kranken, sich in der Umgebung zurechtzufinden, die Sinnestäuschungen, die Erregung, das Fortlaufen, das Schmücken mit Blumen, dann besonders auch das Abspringen der Gedanken vom Hundertsten ins Tausendste. Bei manchen seiner Vorstellungen erkennt man, daß sie sich nur auf Grund des äußeren Klanges aneinandergereiht haben, ohne Rücksicht auf den Sinn. Es sind die sogenannten Klangassoziationen. So heißt es: „Peace, peace! this piece of toasted chees will do't. Bring me up the brownbills, o, well flown, bird." (IV, 6).

Doch geht der Dichter zu weit, wenn er Kranken manchmal sinnvolle, beziehungsreiche Reden lang ausspinnen läßt, wie etwa bei der Auffordern Lears, der blinde Gloster möge sich Glasaugen anschaffen und dann wie die Politiker so tun, als ob er allerlei sähe, was er nicht sehen kann.

Ein schwacher Punkt ist die Genesung, kommen im rüstigsten Lebensalter auf Verwirrtheitszustände wohl manchmal Heilungen vor, doch hier bei dem greisen Lear, dessen seelischer Niedergang schon langer Hand angebahnt war, ist eine Wiederherstellung recht unwahrscheinlich. In der Regel bezeichnet man die Heilungsaussichten des Altersschwachsinns als durchaus schlecht; es gehört zu den größten Seltenheiten, daß ein solcher Patient sich wieder einigermaßen erholt. Immerhin ganz vereinzelt kommt es wohl vor, so hatte ich Gelegenheit, bei einem, 81 jährigen Patienten die Wiederaufhebung der Entmündigung zu begutachten, die ein Jahr vorher über ihn wegen geistiger Verwirrtheit verhängt worden war, nun aber nach einer weitgehenden Besserung nicht mehr angebracht erschien.

Bei König Lear handelt es sich tatsächlich um eine teilweise, doch immerhin recht weitgehende Genesung. Die Verwirrtheit schwindet, nach langem Schlaf erwacht der Kranke, wird allmählich klarer, doch eine geistige Abspannung bleibt zurück. Auffallend, aber nicht unmöglich ist die spätere Kraftleistung, daß Lear den Mörder Cordelias noch totschlägt. Diese Tat und die Fortschaffung der Leiche geben ihm im Verein mit dem Gram über Cordelias Tod den Rest. Er stirbt an Herzlähmung.

Nach Anschauung des Dichters ist die Geistesstörung nur auf die Verwirrtheitszustände beschränkt. Der Irrsinn bedeutet eine Episode, eine effektvolle Staffage, so gut wie das Gewitter auf der Heide, denn sonst wäre ja die wesentlichste Bedeutung Lears als eines dramatischen Charakters erschüttert, er wäre dann nur noch eine dankbare Virtuosenrolle. Ärztlich muß man sagen: die ursächliche Bedeutung der Unbill der Töchter und der Entbehrungen ist zu sehr in den Vordergrund gerückt, strenggenommen kommt sie nur für die Verschlimmerung oder Auslösung des Irrsinns bei einem durch sein Alter schon dazu neigenden Greis in Betracht; auch eine nennenswerte Heilung, wie sie das Stück doch will, wäre bei dieser Form von Altersschwachsinn höchst unwahrscheinlich. Was aber die einzelnen Zustandsbilder betrifft, sofern man Szene um Szene für sich betrachtet, so sind das durchweg packende und dem Leben getreulich abgelauschte Schilderungen, die mit geringer Retouche auch heute noch in einer Sammlung psychiatrischer Krankheitsbilder ihre Stellung einnehmen könnten.

Gesondert müssen wir Edgars gedenken. Er nimmt mit bewußter Absicht die Haltung und Maske des armen Thoms an, eines Tollhausbettlers, wie sie zu Shakespeares Zeiten allgemein bekannt waren. Eine Irrenfürsorge, wie wir sie kennen, existierte noch nicht; König Heinrich VIII. richtete erst kurz vor der Zeit des Dichters die Londoner Anstalt Bedlam ein, die heute noch existiert Hier wurden die frisch erkrankten, aufgeregten Irren eingesperrt, während man die harmloseren, chronisch Kranken frei herumlaufen ließ, wobei sie vielfach durch Almosen ihren Unterhalt erwarben. Es ist nicht allzulange her, daß auch in unseren Landen noch ruhige Irre derart vegetierten, ja in manchen abgelegenen Ortschaften ist der Gemeindenarr oder Dorftrottel heute noch eine stehende Figur. Auch in den Straßen südländischer Städte treffen wir solche Unglückliche noch häufig; in Smyrna, Granada, selbst in Madrid habe ich derartiges beobachtet. Edgar bringt die Simulation als armer Thoms ausgezeichnet fertig. Schwachsinnige Verrücktheit, vor allem Besessenheitswahn äußert er, freilich mit einigen Übertreibungen und im ganzen auch mit zu viel beziehungsreichen Wendungen. Recht naturgetreu ist die Einfügung von kleinen Reimen. Auch auf die sogenannten Klangassoziationen haben Irrenärzte, wie Professor Hoche, hingewiesen. Als Lear von Pelikanstöchtern spricht, äußert Edgar: „Pillicock sat on Pillicocks hill". Diese Verwendung von Klangassoziationen erscheint eigentlich als ein gar zu feiner Zug für einen Simulanten; ich möchte eher glauben, daß es sich hier nur um die bei Shakespeare überhaupt beliebten Wortwitze handelt, die auch bei seinen gesunden Menschen vorkommen und vor allem in den Rüpelszenen, so in „Viel Lärm um nichts", eine Rolle spielen, wo auch nur die Klangähnlichkeit eine neue Ideenverbindung bewerkstelligt ohne Rücksicht auf den Sinn.

Macbeth und seine Gattin

Wir gehen zur großen Tragödie Macbeth über, die Friedrich Theodor Vischer das vollendetste Stück Shakespeares genannt hat. Held und Heldin zeigen auf den ersten Blick eine gewisse Ähnlichkeit, beide machen sich furchtbarer Taten schuldig, beide weichen von Moral und Recht, sowie zeitweise von der normalen Geistesverfassung ab. Und doch sind sie bei eingehender Betrachtung durchaus gegensätzliche Charaktere.

Die Hexen oder Schicksalsschwestern hat Shakespeare aus Holinsheds Chronik übernommen; sie sind gewiß als echt, als gespenstische Erscheinungen gedacht, nicht etwa als Sinnestäuschungen. Sie treten ja auch für sich allein auf und sie werden ferner von mehreren anderen Personen wahrgenommen. Mag man auch Shakespeare, dem helläugigen Dichter, nicht zumuten, daß er selbst noch an Gespenster glaubte, so steckte doch in seinen Zuhörern, für die das Stück bestimmt war, gewiß noch ein gut Stück des volkstümlichen Hexenglaubens.

Als Held und Sieger tritt uns Macbeth entgegen, gefeiert, bewundert, allgemein hoch geachtet. Die Hexenprophezeihung auf seine künftige Königswürde schürt seinen Ehrgeiz zu krankhafter Glut, er ist auf Momente verwirrt, wie verzückt. Wohl tritt er noch bescheiden vor seinen König hin, aber es brennt ihm die Ungeduld, seiner Frau von den Erfolgen und noch mehr von den Hoffnungen zu berichten. Er schreibt ihr und eilt dem Königszug voraus. Damit ist sein Geschick entschieden. Statt des flüchtigen Hexenspukes bleibt jetzt als lebender Dämon seine Frau an seiner Seite. Sie ist sofort beim Empfang des Briefes von Macbeth fest entschlossen, den Königsthron durch Mord zu erreichen. Zweifel an der Prophezeihung kennt sie nicht, nur ihres Mannes Wankelmut erweckt ihr noch Bedenken. Kein normales menschliches Mitgefühl lebt in ihr, als der Zufall ihr nun das Opfer entgegenscheucht und sie von des Königs Besuch erfährt:

> „Kommt, Geister, die ihr lauscht auf Mordgedanken,
> Entweiht mich hier, füllt von der Zeh' zum Wirbel
> Randvoll mich an mit wilder Grausamkeit."

Sie grüßt den nahenden Gemahl als künftigen König und mit raffinierter Gewandtheit bewillkommnet sie als bescheidene Herrin des Hauses diel eintretenden Gäste.

Macbeth zaudert, er kämpft mit dem Gewissen, er erwägt wie Wallenstein in seinem großen Monolog. Die Gattin drängt auf ihn ein, sie wirft ihm blasse Feigheit vor, sie erstickt seine Gewissensregungen und entwirft selbst das tückische Projekt, die Diener des Königs betrunken zu machen und auf sie die Schuld des Mordes zu wälzen. Macbeth ist überredet.

„Gebier mir Söhne nur! Aus deinem unbezwungenen Stoffe können nur Männer sprossen!" ruft er im letzten Schauder vor der grausen Kälte seiner Frau. Er wird die Tat in der kommenden Nacht vollbringen.

Durch das lauernde Gewissen wieder unsicher gemacht, spricht er mit dem ankommenden Banquo aufs neue über die Hexenprophezeihung, unvorsichtig genug, da er sich ja damit nur verdächtig machen kann. Einsam, des Signals zum Mord gewärtig, harrt er vor der Türe des Königs. Das Gewissen packt ihn noch einmal, sein grübelndes Bewußtsein läßt den Mordgedanken lebhaft in die Außenwelt hinaustreten. Macbeth erlebt die Trugwahrnehmung seines Mord Werkzeuges:

> „Ist dies ein Dolch, was ich da vor mir sehe,
> Den Griff mir zugekehrt? Komm, laß dich packen!
> Ich greif' dich nicht und sehe dich doch immer;
> Bist du, Gesicht des Schicksals, meiner Hand
> So fühlbar nicht wie meinem Auge? Bist du

Nur ein Gedankendolch, ein Wahngebilde
Des fieberhaft entzündeten Gehirns?
Ich seh' dich noch so greifbar von Gestalt
Auf meinem Weg, und eben solch ein Werkzeug
Wollt' ich gebrauchen … Meine Augen sind
Die Narren meiner anderen Sinne oder
Mehr wert als alle! Stets noch seh' ich dich
Und Tropfen Bluts an Klinge und an Griff,
Was vorher nicht war … Weg ist's, es ist nichts,
Nichts Wirkliches. Mein blutiger Gedanke
Ist's nur, der so heraustritt vor das Auge!"

Das Glockenzeichen wird von seiner Frau gegeben, er steigt hinan zum Königszimmer und begeht die Tat, zitternd und halb verwirrt. Das Gebet der Königssöhne und der traurige Anblick der blutenden Leiche berührt ihn furchtbar. Er vergißt die Diener mit dem Blut zu beflecken, ja er bringt die beiden Dolche mit heraus. Die Gesichtstäuschung ist verschwunden, aber eine Gehörshalluzination er erlebt:

„Mir däucht', ich höre eine Stimme rufen:
Schlaft nicht mehr! Macbeth ermordet den Schlaf!"

Da spricht die Gattin auf ihn ein, sie weiß: „Der Versuch und nicht die Tat verdirbt uns." Sie hatte die Diener berauscht gemacht und tritt für den Gemahl selbst wieder ein, um den Verdacht auf die Diener abzulenken. Sie schreitet ins Mordgemach, bringt die Dolche dahin zurück und bestreicht die schlafenden Diener mit Blut.

Es klopft, Macbeth erzittert, sie aber bleibt ruhig, ja sie schämt sich, daß ihr Herz so viel besser sei als das seine. Die blutigen Hände kümmern sie nicht, denn „ein wenig Wasser reinigt uns von der Tat". Dem Mann, der schon die Tat ungeschehen wünscht, ruft sie zu: „Verlier' dich nicht erbärmlich in Gedanken!" Macduff entdeckt alsbald den

Mord, Macbeth erschlägt dabei die Diener und sucht sich deshalb ungeschickt genug zu entschuldigen. In dem Moment, der den Verdacht gegen ihn wecken könnt, lenkt wieder die Lady aller Aufmerksamkeit auf sich. Sie fällt prompt in Ohnmacht, offenbar in eine erheuchelte Ohnmacht, und läßt sich dann wegschaffen.

Als König und Königin sehen wir Macbeth und seine Frau wieder auftreten. Sie fühlt sich am Ziel ihrer Wünsche und hofft, daß alles vergessen sei, was geschehen. Ihn treibt innere Unruhe, darum wird ihm der Mitwisser seiner Prophezeihung, der edle Banquo, zum verkörperten Gewissen. In der Verbrecherlaufbahn ist Macbeth nun immerhin so weit eingeschult, daß er dessen Mord ganz von selber Unternimmt. Mit den gedungenen Mordgesellen weiß er zu scherzen, sie zu belügen und anzufeuern, ja er möchte, daß seine Frau unschuldig bleibe und von der neuen Tat gar nichts wisse.

Während der Prunktafel vermag er mit dem Mörder wieder zu scherzen; nur daß Banquos Sohn entkam, muß er beklagen. Die Frau repräsentiert trefflich und mahnt den Gatten, sich seinen Gästen zu widmen. Da erblickt Macbeth den Geist Banquos an der Tafel und schreit ihn sogleich entsetzt an, so daß alles aufmerksam wird. In einem Atemzuge redet die Königin den Gästen zu, stellt das Verhalten ihres Mannes als alte Krankheit hin und tadelt mit schneidenden Worten den erschütternden Gatten. „Entmannt von Torheit" nennt sie ihn und wieder denkt sie an den luftigen Dolch, der ihn zu König Duncan geführt hatte. Er rafft sich zusammen, trinkt auf das Wohl der Gäste und Banquos, doch da erscheint das Gespenst abermals. Der Anblick packt ihn furchtbar an, aber rasch sammelt er sich nach dem Verschwinden Banquos wieder. Indeß haben sich die Gäste erhoben und verlassen den König, der ihnen krank erscheint.

Er schreitet nunmehr seinen unheilvollen Weg fort; nur auf Mangel an Übung scheint ihm sein Entsetzen zu beruhen. Ein Spionagesystem hat er eingerichtet, in jedem Haus der Großen seines Reiches ist ein Diener bestochen. Die Unruhe treibt dazu, abermals die Schicksalsschwestern zu hören. Seine Frau meint unterdessen, es fehle ihm nur Schlaf.

Die Gegenaktion beginnt, von England zieht ein Heer heran unter Macduff und Malcolm. Der König und seine Frau rücken entgegen und halten in Dunsinan Hof. Da bricht über die Verbrecherin die Krankheit herein, der gesunde Schlaf bleibt aus, ein Licht muß nachts neben ihr brennen und schließlich steht sie im somnambulen Zustande auf, wandelt umher, schreibt und liest, versiegelt Briefe. Sie tritt mit offenen Augen schlafend herein, sie reibt die Hände und spricht: „Fort, verdammter Fleck … Pfui, mein Gemahl! Ein Soldat und furchtsam! … Wer hätte gedacht, daß der alte Mann so viel Blut in seinen Adern hätte!"

Selbst Mitgefühl, das sie in wacher Zeit niemals kannte, spricht jetzt aus ihr: „Macduff hatte Weib … wo ist sie nun? … Alle Wohlgerüche Arabiens würden diese kleine Hand nicht wohlriechend machen, noch immer riecht sie nach Blut … zu Bett, zu Bett! Es wird ans Tor geklopft."

Wir sehen sie nicht mehr. Ihr Tod wird dem Macbeth gemeldet, doch rührt es ihn nicht weiter. Selbstmord hat sie begangen, so vermutet man im feindlichen Lager. Des Königs Tun gehört dem Feldzug, seinen Sinn fesselt die neue Prophezeihung der Hexen. Als Hoffnung um Hoffnung scheitert, kämpft er sich wie ein gehetzter Bär zu Tode, unter Macduffs Streichen fällt sein Haupt. —

Macbeth und sein Weib: Zwei äußerlich ähnliche Schicksale, zwei grundverschiedene Charaktere. Er ist nichts weniger als ein geborener Verbrecher, ein delinquente nato im

Sinne Lombrosos. Eine trotzige Natur vielmehr, wie sie in jene rauhe Vorzeit wohl hineinpaßt, tüchtig und tapfer. Aus Ehrgeiz und Leidenschaft wird er zum Mörder. Die Worte der Frau haben ihn betört, so daß er in seinen Gewissenskämpfen unterlag. Mag es nur eine poetische Verkörperung des das Gewissen drückenden Mordplanes sein, jener Gedankendolch, oder wirklich eine Illusion oder Halluzination im ärztlichen Sinne, das ist schwer zu entscheiden. In der wissenschaftlichen Literatur wird auch bei Nichtgeisteskranken ab und zu von vereinzelten Sinnestäuschungen berichtet. Leute, die sich übertrieben viel mit einer Sache in Gedanken Beschäftigen, neigen zu solchen Täuschungen; ein Käfersammler wird z. B. Gefahr laufen, in manchem Stein oder Baumrindenstück momentan einen Käfer zu erblicken. Bekannt ist die Szene von Luther, der auf der Wartburg den Teufel zu vernehmen glaubte, mit dem er sich in Gedanken viel abgegeben hatte. Auch von anderen historischen Persönlichkeiten wird Auffallendes berichtet, so wurde der Philosoph Spinoza durch die Trugwahrnehmung einer häßlichen Negergestalt belästigt; Moses Mendelsohn hatte viele Nächte hindurch gellende Gehörstäuschungen; der Buchhändler Nicolai hatte lange Zeit Erscheinung von zahlreichen Gestalten, die mit ihm redeten, worauf bekanntlich Goethe durch den Proktophantasmisten in der Walpurgisnacht anspielt.

Die Kritik, die Macbeth an dem Trugbild übt, darf uns nicht abhalten, es eine krankhafte Erscheinung zu nennen. Das gleiche trifft sich bei vielen Träumen so gut wie bei den Sinnestäuschungen mancher Geisteskranker. Ich erinnere mich einer alten Frau, die im Irrsinn Schmetterlinge zu sehen glaubte, aber wenn sie danach griff, fand sie erstaunt, daß es nichts war. Ein Mann mit Säuferwahnsinn sah in seinem Delirium Mäuse, doch wußte er sie wohl zu unterscheiden von den wirklichen Mäusen, die damals in dem Anstaltsraum umhersprangen. Auf die Gehörstäuschung Macbeths wies ich bereits hin. Dichterisch ausgearbeitet sind diese Macbeth-Szenen allerdings, aber doch darf der Irrenarzt sie nicht ohne weiteres als unnatürlich ablehnen; ja für solche vereinzelte Sinnestäuschungen bei sonst Gesunden sind die meisten Anstaltsärzte gar nicht einmal ohne weiteres überhaupt kompetent, da sie gewöhnlich nur ausgeprägte Krankheitsfälle sehen, während jene Leute mit vereinzelten Störungen nicht den Weg in die Irrenanstalt nehmen.

Das Bewußtsein des fait accompli erstickte das Gewissen Macbeths mehr und mehr. Die Furcht vor künftigem Unheil trieb ihn weiter auf der abschüssigen Bahn. Mit grausiger Kälte bereitete er Banquos Mord vor, dann aber trat ihm das Schreckgespenst des Ermordeten entgegen. Abermals mögen wir an eine Vision denken, ja die Lady erinnert geradezu wieder an den Gedankendolch. Friedrich Theodor Vischer erwähnt den Fall, daß ein roher Bursche, der ohne Spur von Gewissensregung einen Mord Bangen hatte, später doch oftmals klagte, der Ermordete stehe vor ihm, und auf dem Wege zum Schaffot noch sagte er zum Geistlichen: „Sehen Sie ihn da stehen hinterm Ofen." Häufiger freilich entbehren die Mörder der Gewissensspuren bis zum letzten Atemzug.

Gewalt und Hinterlist bestimmen weiterhin den Weg des Verbrechers, tückisch wird das Schloß Macduffs überfallen und seine Familie niedergemacht. Mit dem Mut der Verzweiflung geht Macbeth in die Todesschlacht.

Es ist die überschäumende Mannesnatur eines wilden Zeitalters, die durch die Leidenschaft des Ehrgeizes und unter dem Einfluß einer gewissenlosen Ratgeberin ins Verbrechen gerät und durch Sinnestäuschungen auf dem unrechten Weg verfolgt wird.

Dem Helden gegenüber ist die Frau von vornherein nicht von des Gedankens Blässe angekränkelt. Dem Ehrgeiz fröhnend, disponiert sie kalt und bestimmt. Sie gibt mit dem Glockenzeichen den Moment der Tat an, sie betäubt die Diener und wälzt die Schuld auf sie, ja sie tritt in das Mordzimmer, um tätig einzugreifen und eigenhändig die Diener mit Blut zu beschmieren. Geschickt fällt sie in einem kritischen Augenblick in Ohnmacht. Ihr Ziel ist bald erreicht, sie wird Königin und wünscht sich den Genuß ihrer Würde. Gern repräsentiert sie und unwillig empfindet sie jegliche Störung. So glatt sie zu den Gästen spricht, gleichzeitig redet sie mit ingrimmigem Hohn auf den erschütterten Gatten ein, dem Banquos Geist erscheint.

Erst als sich das Gewitter über ihrem Haupt zusammenzieht, da erwacht in ihr etwas wie Gewissen, aber nicht so lange ihr kalter Wille, ihr Selbstbewußtsein wacht, sondern nur in der Nacht, im Schlummer kommt es über sie. Wir finden sie erst schlaflos, dann nachtwandelnd. Da, im krankhaften Zustande gehen die furchtbaren Erinnerungen durch ihr Gemüt und kämpfen mit den billigen reden. Anscheinend stirbt sie durch Selbstmord.

Das ist ein Charakter, der, wennschon ins Riesenhafte gesteigert, doch über die Vorzeit hinaus für alle Zeiten gültig bleibt. Es ist der hysterische Charakter, jenes von Jugend auf egoistische Temperament, das nichts als Befriedigung eigener Wünsche eigenen Ehrgeizes kennt. Keine Gewissensregung kommt in wachen Stunden auf, durchaus fröhnt sie ihren Wünschen und schreitet kalten Blutes über das Verbrechen hinweg. Sie ist die treibende Kraft ihres Mannes, sie weiß mit Überredungskunst, Lügen und Betrügen, mit verstellter Ohnmacht trefflich Bescheid.

Mancher Beurteiler bemühte sich, Lady Macbeth zu entschuldigen, sie tue ja alles aus Liebe für ihren Mann, sie sei nur eine Verbrecherin aus Gattenliebe; auch große Künstlerinnen wie die Ristori und die Siddons suchten sie so auf der Bühne darzustellen. Indeß ist ihre Liebe nicht weiter her als die von Lears Tochter Goneril zum Herzog von Albany. Die paar eingestreuten Redensarten wie „Mein lieber Gemahl" sind ihr durch Gewohnheitsphrasen und Repräsentationspflicht entlockt. Raffiniert weiß sie zu den Gästen beim Gespensterbankett zu reden und leichzeitig ihren Mann aufs herbste zu tadeln. Es ist eine Konventionsehe, eine bloße Interessengemeinschaft, kein Herzensbündnis zwischen den beiden Ehegatten. Wie bar sie jeden Familiensinnes ist, enthüllen schon ihre Äußerungen des ersten Aktes, wo sie davon spricht, daß sie ihrem angeblich gelebten Kinde als Säugling den Kopf an der Wand zerschmettert hätte, wenn sie, wie ihr Mann, einem Schwur folgen müßte. Nicht zustimmen kann ich darum auch den an sich höchst geistvollen Erörterungen über Macbeth und seine Gattin von Rudolf Hans Bartsch in seinem vortrefflichen Roman „Elisabeth Kött".

Wahrlich kann man es Goethe nachfühlen, der sie Oberhexe nennt, während andere sie als mörderische Teufelin bezeichneten oder mit Klytämnestra und Medea verglichen. Aber etwas gemildert erscheint doch ihre Verbrechernatur, wenn man sich vergegenwärtigt, daß ihr Charakter von Grund aus eine neuropathische Veranlagung aufweist. Die Krankheit selbst, die schließlich bei ihr ausbricht, entspricht am ehesten einem sogenannten hysterischen Dämmerzustande. Das Nachtwandeln, das von Shakespeare geradezu meisterhaft geschildert ist, kommt in gewisser Weise auch wohl bei epileptischen und einzelnen neurasthenischen Zuständen vor, insbesondere aber kennen wir es bei der psychischen Hysterie. Am wenigsten vielleicht ist der mutmaßliche Selbstmord psychiatrisch gerechtfertigt. Die Hysterischen reden wohl gern von einem solchen Schritt, aber mehr aus Sensationsbedürfnis, während ihr Egoismus der Ausführung hinderlich im Wege steht. Es wäre dem Charakter angemessener, wenn Lady Macbeth nun ähnlich wie die geschichtliche Cleopatra erst noch den Versuch machte, den Sieger für sich zu gewinnen. Indeß bedurfte der Dichter eines präzisen Abschlusses, ja geradezu die Gedrungenheit der Darstellung zeichnet das Drama Macbeth, eines der kürzesten Stücke Shakespeares, vor den anderen Tragödien stark.

Unsere Zeit ist milder geworden, Blut ist heute ein besonderer Saft, der Dolch ist in der Hysterie aus der Mode gekommen. Aber der Charakter selbst lebt noch unter uns; es ist ja etwas alltägliches, daß der Mann durch den dämonischen Willen eines ehr- und genußsüchtigen Weibes auf die abschüssige Bahn getrieben wird und daß die Hysterische in ihrem kalten Egoismus Unheil über ihre Umgebung ausbreitet. Wie ein Vampyr weiß sie durch uferlose Projekte, durch Verschwendung, durch berechnete Verwertung ihrer Anlockungskraft, durch Hader und die Nadelstiche des Spottes ihre Nächsten geradezu zu erdrücken, auszusaugen und zu vernichten, wie es pathologisch-hysterische Charakter der Lady Macbeth in der dichterischen Vorzeit getan hat.

Hamlet und Ophelia

Hamlet und Ophelia, wieder ein Paar von Charakteren, die in manchen Punkten weit von der Norm abweichen. Überfliegen wir erst die Entwicklung des Stückes selbst mit Rücksicht auf die abnormen Momente.

Vom Studienort Wittenberg wurde der Prinz abgerufen; der Vater war plötzlich gestorben. Ein paar Wochen später heiratet Claudius der Onkel und Nachfolger die Mutter Hamlets. Nicht so sehr die Frage der Thronfolge berührt den Prinzen, noch der Tod des verehrten Vaters an sich. Aber das Ehebündnis zwischen der geliebten Mutter und dem unsympathischen, trunksüchtigen, lügnerischen Onkel, das lastet schwer auf ihm. Der Geist von Hamlets Vater gilt als wirkliche Erscheinung. Horatio und die dänischen Offiziere, gewiß keine Nervenschwächlinge, sehen ihn mit, aber nur Hamlet steht er Rede. Im dritten Akt ist er allerdings nur diesem sichtbar, nicht der Mutter. Was Hamlet geahnt, durch des Geistes Wort wird es ihm offenbar. Der Oheim ist Brudermörder, die Mutter eine Ehebrecherin. Der Prinz schwört Rache, freilich als die Gefährten nahen, äußert er zwangsmäßig sprudelnde Heiterkeit, so daß Horatio ihm zuruft: „Dies sind nur wirblige und irre Worte, Herr". In burschikoser Weise äußert sich Hamlet über den Gesellen im Keller; immer wieder kehrt er auf das Versprechen des Schweigens zurück: „Da mir's vielleicht in Zukunft dienlich scheint, ein wunderliches Wesen anzulegen".

Wir hören wieder von Hamlet durch Ophelia. Dem Wortlaut nach zwei Monate später, wenn auch eine kürzere Zwischenzeit plausibler erschiene. Ihr hatte der Prinz Aufmerksamkeit geschenkt und Liebe geäußert, der Bruder Laertes hatte sie gewarnt, der Vater ihr jedes Zusammentreffen verboten. Nun war Hamlet plötzlich vor sie hingetreten in verwahrloster Kleidung, und unter auffallenden Gebärden nahm er von ihr Abschied. Polonius hält ihn daraufhin gleich für verrückt. Freilich pflegt Shakespeare unglückliche Liebhaber gern in derartigen Kostümen und unter larmoyanten Seufzern auftreten zu lassen. Das Verhalten Hamlets, seine schmachtenden, stummen Seufzer sind auffällig, doch keineswegs ein Beweis für Irrsinn, wenn es sich auch als Verstellung und Übertreibung auffassen ließe. Ganz verfehlt ist der Versuch eines Erklärers, den Auftritt als hysterischen Somnambulismus zu bezeichnen.

Das Gespräch mit Polonius wird in der Regel für den simulierten Irrsinn herangezogen. Es ist in der Tat schwer, es ohne dieses Motiv zu verstehen, wie es Sanitätsrat Dr. Lähr möchte. „Ich bin ein Fischhändler", sagt Hamlet zu dem Hofmann. Rasch springen die Gedanken von einem Gegenstand zum anderen: „Denn wenn die Sonne Maden in eine Hund erzeugt, einem schön küssenden Aas — habt ihr eine Tochter?" Viele Äußerungen zeigen versteckten oder offenen Sinn, auch der beschränkte Polonius kommt dahinter und schmeckt Methode daraus. Freilich sehen wir ähnliche Anspielungen auch da, wo Shakespeare wirkliche Geisteskranke darstellen will, wie eben überhaupt der Laie geneigt ist, zu viel Sinn im Wahnsinn zu wittern. Herb werden weiterhin Güldenstern und Rosenkrantz abgefertigt; kaum kann man noch Hamlets Rede als Versuch einer Vortäuschung von Irrsinn auffassen. Nach dem völlig geordneten Gespräch über die Schauspieler foppt er wieder mit der Wendung: „Ich bin nur toll bei Nordnordwest; wenn der Wind südlich ist, kann ich Tauben und Dohlen recht gut unterscheiden". Am Schluß der ersten Schauspielprobe findet sich Hamlet selbst wieder in dem zweiten seiner großen Monologe. Schon im ersten hatte er die innere Zerrissenheit, die Unzufriedenheit mit dem Schicksal und mit sich selbst offenbart; schon damals, ehe er von Mord und Ehebruch wußte, war er Selbstmordgedanke aufgelodert. Jetzt packt ihn beim Anblick der erspielten Leidenschaft des Schauspielers Ingrimm über seinen eigenen Taubenmut. Er weiß, sein Rachewerk fordert den Tod des Verräters. Er hat den Plan ausgeklügelt, den König durch das Schauspiel zum Geständnis zu zwingen. Das soll seine Zweifel ersticken, ob nicht teuflisches Gaukelwerk aus dem Geiste zu ihm sprach. Dann erst will er aus seiner Schwachheit und Melancholie zur Tat schreiten.

Der große Selbstmordmonolog to be or not to be steht bedeutungsvoll im Mittelpunkt des Stückes. Das ist der geistige Mittelpunkt, daß das Gewissen uns zu Feigen macht, wie es uns zwingt, die Übel zu tragen, statt das Geschick durch Widerstand zu enden. So werden auch „Unternehmungen voll Mark und Nachdruck durch diese Rücksicht aus der Bahn gelenkt, verlieren so der Handlung Namen." Bitter, mit verletzender Offenheit redet nunmehr Hamlet auf Ophelia ein, als ob er sich an ihren Qualen weide. Vielleicht mag ihn ihr Angebot, die Geschenke zurückzunehmen, mehr erregt haben. Doch ist es begreiflich, daß die durch den Monolog genährte Stimmung, die sich mit den letzten Dingen, mit Leben und Sterben, befaßte, nicht so rasch wieder in die ihm vordem geläufige Bahn der Courtoisie eingelenkt werden kann. Wie später gegenüber der Mutter sind es auch hier Dolche, die Hamlet bei der Geliebten redet. „Ich liebte euch nicht", sagt er im schroffen Gegensatz zu den Worten am Schluß seines Monologes. Sich selbst klagt er des Stolzes, der Rachsucht und vieler Vergehungen an. Den Fluch der Verleumdung ruft er über sie. Aus den weiblichen Toilettenkünsten, denen sich Ophelia an dem verderbten Hof nicht entziehen konnte, schmiedet Vorwürfe: „Ihr malt euch das Gesicht, ihr trippelt und lispelt." „Geh in ein Kloster," ist sein Abschiedsgruß. Das Mädchen muß ihn für geistig zerrüttet halten: „O welch ein edler Geist ist hier zerstört." Doch der durchtriebene König sieht schärfer: „Was er spricht, obwohl ein wenig wüst, war nicht wie Wahnsinn; ihm ist was im Gemüt, worüber seine Schwermut brütend sitzt."

Den goldenen Worten über die Schauspielkunst folgt die umsichtige Instruktion für Horatio. Jene viel zitierten, laszíven Redensarten zu Ophelia vor Beginn des Stückes sind allem Anschein nach auf Rechnung des Zeitgeschmacks von 1604 zu setzen; von Ophelia werden sie nicht voll verstanden. Ähnliche Wendungen, die uns heute als unerhörte Laszivitäten erscheinen, finden sich ja des öfteren bei Shakespeare, so in einer entsprechenden Szene seines Dramas „Ende gut, alles gut" oder auch in der Anfangsszene von „König Lear". Hamlet erleichtert die erwartungsvolle Spannung durch dieses Notventil.

Ähnlich erklärt sich auch das grobe Wortspiel gegen Polonius, der Hamlet gegenüber äußerte, er habe einst den Caesar gespielt und sei von Brutus auf dem Kapitol umgebracht worden; der Prinz erwidert: „Es war brutal von ihm, ein so kapitales Kalb umzubringen." Als ein Zeichen vermeintlichen Irrsinns lassen sich diese Klangassoziationen nicht unbedingt auffassen, es handelt sich um eine echte Shakespeare'sche Wortspielerei.

Der König offenbart seine Täterschaft, wie Hamlet vorausgesehen. Aber dieser Moment der Rache wird versäumt, statt dessen jubelt der Prinz in unzweckmäßiger Ausstrahlung seiner nun entspannten Erregung über den Sieg im Vorpostengefecht, er lacht, reimt, wünscht Musik, er zieht die Höflinge auf und foppt den Polonius. Zunächst will er nunmehr der Mutter ins Gewissen reden, aber darüber versäumt er die weitere Gelegenheit, den betenden König niederzustoßen, der nun seinerseits Zeit gewinnt, in Gegenaktion zu treten. Nach England soll der Prinz geschafft werden, der Uriasbrief über seine Hinrichtung ist bereits ausgestellt. Derweilen enthüllt Hamlet der Mutter den Spiegel ihres Innern. Heiß läßt er den sittlichen Zorn auflodern, so daß er des im blinden Eifer getöteten Polonius kaum gedenkt. „Mutter, mein Vater ist von euch beleidigt! Mutter, ihr fragt mit einer bösen Zunge!" Er sagt ihr auf den Kopf Königsmord und Ehebruch zu. „O Hamlet, sprecht nicht mehr", fleht ihn die Mutter an, „mir dringen diese Worte ins Ohr wie Dolch ... nicht weiter, lieber Hamlet!" In flammenden Worten zeichnet er den Abstand des toten Königs von dem lebenden Verräter, der „ein Mörder und ein Schalk, ein Knecht, ein Hanswurst von einem König ist, ein Beutelschneider von Gewalt und Recht, ein geflickter Lumpenkönig ... " Da tritt der Geist des Vaters dazwischen und verhindert, daß das wichtigste Geheimnis entschleiert wird. Wieder redet Hamlet auf die Mutter ein, diesmal, um ihr die Schande des neuen Ehebruchs auszutreiben: „Zur Grausamkeit zwingt bloß die Liebe mich". Sie fleht: „O Hamlet, du zerspaltest mir das Herz." Er rast wie See und Winde, wenn beide um die Obmacht kämpfen, er erschüttert die Mutter soweit, daß er ihr schließlich seine Verstellung anvertrauen kann:

> „Bring diesen ganzen Handel an den Tag,
> Daß ich in keiner wahren Tollheit bin,
> Nur toll aus List. Gut war's, ihr läßt's ihn wissen."

Sie ist gebrochen: „Ich hab' kein Leben, das auszuraten, was du mir gesagt." Hamlet wird in der Folge vom König überwacht, er muß seinen Plan wieder verschieben und nach England reisen. Unterwegs, beim Anblick des Mannes der Tat, des jungen Fortinbras, erwachen wieder die Selbstvorwürfe über seine Untätigkeit. Auf dem Schiff wendet er mit entschlossener List die Todesgefahr ab und kühn befreit er sich im Korsarenkampf von den Aufpassern.

Dieweilen bricht das Verhängnis über die unschuldsvolle Ophelia herein. Sie spricht vom toten Vater, sie jammert und äußert sich verwirrt, freilich wie die Shakespeare'schen Geisteskranken gewöhnlich noch mit halbem Sinn der Worte. Lieder singend tritt sie auf, recht zweideutige Lieder sind dabei, deren eines Goethe nur wenig verändert seinem Mephistopheles in den Mund legen konnte. „Die Eule war eines Bäckers Tochter", spricht sie weiter, „wir wissen, was wir sind, aber nicht, was wir werden können. Gott segne euch die Mahlzeit". Sie zieht sich zurück und naht wieder, als Laertes im Aufruhr hereinbricht.

Das kriegerische Getümmel rührt sie nicht, sie teilt die gesammelten Blumen aus, Fenchel und Raute, Rosmarin und Vergißmeinnicht, dabei erkennt sie König und Königin und redet zu ihnen beziehungsvolle Worte. Vom Bruder nimmt sie nicht mehr Notiz. Sie singt noch ein paar faselige Verse mit Wiederholungen und eilt davon. Am Weidenbaum über dem Bach wand sie phantastisch Kränze und klomm empor, ihr Laubgewinde in den Ästen aufzuhängen. Da brach der Ast und sie sank ins Wasser, ein Weilchen trieb sie noch dahin, getragen von den ausgebreiteten Kleidern. Singend tauchte sie schließlich in den schlammigen Tod.

Hamlet sehen wir wieder bei den Totengräbern im Witzgefecht. Dann tritt er hervor, die Bestattung Ophelias unterbrechend, zeigt sich erregt über des Laertes pathetische Klagen und ringt mit ihm am Grabe der Jungfrau: „Ich liebte Ophelien, 40000 Brüder mit ihrem ganzen Maß von Liebe hätten nicht meine Summe erreicht". „Er ist verrückt", ruft der König dazwischen, um freilich hinterher den teuflischen Pakt mit Laertes zu schließen, der bei einem ritterlichen Waffenspiel gegen Hamlet sich einer vergifteten Klinge bedienen soll. Hamlet bittet den Gegner um Verzeihung, dabei seine Verstellung noch einmal ins Gefecht führend: „Sein Wahnsinn ist des armen Hamlet Feind". Als er dann die Königin vergiftet hinsinken sieht, da kommt die sprunghafte Tatkraft wieder über ihn: Die Türen läßt er schließen, den König sticht er nieder und in den letzten Zügen disponiert er noch mit der größten Geistesgegenwart, er fleht Horatio an, das dunkle Schweigen zu klären, und prophezeit dem Fortinbras die Herrschaft Dänemarks.

Eine Sturmflut von Erklärungsversuchen ist über dieses tiefgründigste Drama Shakespeares dahingebraust. Die Tragödie des Geheimnisses, des Problems, die Tragödie

der Reflexionsnichtigkeit wurde das Stück genannt. Hamlet ist Deutschland, sang Freiligrath 1844. Der Dänenprinz galt bald als Genie, bald als Feigling, bald als kerngesund, nur durch die Umstände erschüttert, bald als auffallendes Temperament, cholerisch, phlegmatisch, melancholisch, als Idealist, als Pessimist, als passive Natur; bei anderen Erklärern war er ein wirklich Geisteskranker, der an Paranoia, an Melancholie, an Wahnsinn leiden sollte, dann wieder ein nervöser Mensch, ein Neurastheniker, ein Desequilibrirter. Bald hieß es: er ist gesund und stellt sich wahnsinnig; dann wieder: Alles geht normal zu, auch von Simulation ist keine Rede; schließlich auch: Er ist wahnsinnig und will, daß man seinen Wahnsinn für Verstellung ansehe.
Uns interessiert zunächst die Frage: Wie verhält es sich mit den Anlagen Hamlets? Ist er von vornherein völlig normal oder nicht? Wie steht es mit der Entwicklung seines Charakters im Stück selbst, wird er wirklich geisteskrank oder nicht? Und schließlich die Frage: Stellt er sich geisteskrank oder nicht?

In der Urquelle dieser Hamlettragödie, bei Saxo Grammaticus, ist der Amlethus ein gesunder Mann, der sich wahnsinnig stellt: Er springt dabei wie toll herum, kräht wie ein Hahn usw. Später wurde die Geistererscheinung hinzugedichtet, die Shakespeare dann als ein mittelalterliches Moment beibehielt, während im übrigen der zeitliche Hintergrund seines Stückes mit dem Hinweis auf die Wittenberger Universität den Eintritt in die Neuzeit darstellt.

Hamlet ist kein Durchschnittsmensch und kein voll gesunder Mensch von Jugend auf. Er stammt aus einer degenerierten Familie und einer dekadenten Zeit. Sein Vater ist noch ein Mann der guten, alten Epoche gewesen, ein Mann der Tat; der Bruder des Vaters dagegen erscheint als ein Säufer, eine Verbrechernatur, blutgierig, dabei feige, raffiniert, verschlagen und verlogen bis zum letzten Atemzuge.

Solche Übergangszeiten müssen Menschenopfer fordern. Wir sehen, wie in der Völkerwanderung die zuerst auf die Wahlstatt tretenden Germanenstämme, die Vandalen, die Gothen, die Langobarden untergehen, bis neue Stämme endlich festwurzeln können. Noch verhängnisvoller gibt sich oft der Übergang in den Individuen kund. Die Tatmenschen wie der alte Hamlet, wie Fortinbras werden selten, die alten Geschlechter entarten, Schurken wie Claudius und seichte Gesellen häufen sich an, die sich moderne Allüren aneignen, ohne den Geist der Neuzeit zu verstehen, Leute wie Polonius, wie Rosenkrantz und Güldenstern, wie Osrick. Angesichts deren hätte Hamlet sagen können, nicht etwas, sondern nahezu alles ist faul im Staate Dänemark. Die ersten Blüten der kommenden Geschlechter sind noch nicht lebensfähig. Zu ihnen gehört Hamlet: Er hat sich wohl die höfische Gewandtheit angeeignet, er konversiert und ficht, dabei sucht er in die Ideen seines Zeitalters einzudringen. Er studiert in Wittenberg, er ist mit der Literatur, dem Schauspiel vertraut, ist musikalisch gebildet, selbst literarisch geschickt, ja sogar ein trefflicher Dramaturg und Regisseur. Seine Charakterverwandlung wird durch erschütternde Erlebnisse, den Tod des Vaters und vor allem die Verheiratung der Mutter mit dem verhaßten Oheim ausgelöst, aber es handelt sich eben nur um eine Äußerung dessen, was bereits in Hamlet schlummerte. Der Durchschnittsmensch Laertes, der ganz ähnliche Schicksalsschläge erleidet, erlebt keine Charakterentwicklung, auf einem unfruchtbaren Boden kommen solche Ergebnisse, wie bei Hamlet, nicht vor.

Auch das Verhalten Hamlets zu Ophelia in der ersten Entwicklung entspricht einer absonderlichen Veranlagung. Nicht wie ein erfahrener, nahezu 30jähriger Prinz, dem die Herzen zufliegen, sondern wie ein Schwärmer, etwa wie ein schüchterner Lehramtskandidat, hat er sich der Geliebten genähert. Vier Stunden pflegte er im Korridor auf sie zu harren. „Ich habe keine Lust am Mann, und am Weibe auch nicht;" derartige Klagen kehren geradezu wörtlich bei unseren Dekadenten wieder.

Selbstmordgedanken gab es bei Hamlet schon vor dem Geheimnis, Selbstmordgedanken drängen sich später heran. Grübeln über eigene Unentschlossenheit und dadurch nur Vermehrung des Übels, dann wieder im schroffen Gegensatz dazu kurzüberlegte, übersprudelnde Handlungen wie auf der Fahrt nach England, wie am Grabe der Ophelia und wie in der Schlußszene. Eben dieser Gegensatz zwischen seelischen Hemmungen, in denen sich das Innere wie ein breit angelegtes Gemälde entfaltet, und dann wieder geradezu explosiv sich überstürzend Gewalttaten, die sich blitzartig wie im Kinematographen vor uns abspielen, im Verein mit Stimmungsschwankungen, den heiteren Erregungen nach heftiger Spannung, wie bei der Gespensterscheinung und der Entlarvung des Königs, das stimmt alles trefflich zu dem Bild des modernen Nervenmenschen, des Déséquilibré oder des konstitutionellen Neurasthenikers.

Damit im Einklang stehen einzelne Züge: Hamlets Abscheu vor der Unmäßigkeit; seine Glieder tun ihm .weh, als er den Totengräber mit den Knochen hantieren sieht; ihm wird übel bei Yoricks Schädel. Ein Anflug von Angst tritt einmal auf; schließlich können wir noch an seine, im Gegensatz zu den Tatmenschen stehende, gedrungene Figur und Kurzatmigkeit denken. Er ist abnorm veranlagt, aber nicht geisteskrank, sondern vielmehr ein pathologischer Charakter, ein nervöses Temperament; es fehl ihm das seelische Gleichgewicht. Der Franzose muß ihn Déséquilibré nennen. Wir wenden gern den Sammelbegriff des Neurasthenikers an. Freilich ist damit noch nicht allzuviel gesagt; auch jemand der sich etwa vor einem Examen überarbeitet oder eine schwere Krankheit überstanden hat und nun in seiner geistigen Leistungsfähigkeit etwas beeinträchtigt ist, wird Neurastheniker genannt. Diese Leute mit ihrer erworbenen Neurasthenie, ihrer nervösen Abspannung, Erschöpfung und Überreizung, sind aber wohl zu unterscheiden von jenen, die von Jugend auf keine gleichmäßige Leistungsfähigkeit besitzen, sondern abnorm reizbar und erschöpfbar sind, den konstitutionellen Neurasthenikern. Die erste Gruppe ist seltener als man denkt, vielleicht nur ein Viertel der Nervösen sind es, die lediglich durch Überanstrengung oder auch durch andere Krankheiten ihre nervösen Beschwerden erworben haben, deren Heilungsschancen jedoch im ganzen gut, weit besser als bei der anderen Gruppe sind.

Der große Schauspieler Josef Kainz gibt meiner Erinnerung nach den Hamlet mit quecksilberner Unruhe und Zeichen von Erschöpfung, was eher auf erworbene Neurasthenie mit ihrer Reizbarkeit und raschen Ermüdbarkeit hindeutet. Möglich, daß er auf Grund einer ärztlichen Exegese einmal Beobachtungen an solchen Erschöpfungsneurasthenikern angestellt oder einen Blick in die ärztliche Literatur geworfen hat. Hamlet gehört aber in die andere Gruppe, zu den von Natur auf abnormen Nervenmenschen, bei denen von Heilung nicht viel die Rede sein kann. So lange die Verhältnisse günstig sind, bei Hamlet etwa auf der Universität, da mag es hingehen, doch lastet immer schon die Neigung zur Reflexion, zur Grübelei auf ihnen. Sobald aber schwere Ereignisse hereinbrechen, dann wird das labile Gleichgewicht verloren. In diesem Sinne gilt Goethes Wort, daß bei Hamlet eine große Aufgabe auf eine solche Persönlichkeit gelegt wurde, die der Tat nicht gewachsen ist.

Von erworbener Geisteskrankheit kann darum nicht die Rede sein bei Hamlet. Es ist das Schwanken in das seine stürmische Lage ihn versetzt. Trefflich harmoniert mit dem Zustandsbild dieser konstitutionellen Verstimmung und Neurasthenie seine Grübelsucht, dann das bittere Spiel mit dem Selbstmordgedanken, weiter das Verhalten gegenüber der Geliebten, bald frostige Zurückhaltung, bald Schwärmerei, bald rücksichtslose Härte und Offenheit. Gerade die Personen, denen sie wohlwollen und die ihnen wohlwollen, haben von den Neurasthenikern oft am meist zu leiden, eine Art von rein psychischem Sadismus oder Algolagnie tritt dabei nicht selten zu tage.

Dann ist als charakteristisch zu beachten: Statt Handlungen Worte; aber was für Worte! Es sind wahrlich Dolche, die Hamlet zu der trotz allem geliebten Mutter redet. Auch heutzutage sind unsere konstitutionellen Neurastheniker in diesem Zuge mit Hamlet verwandt. Die herben Worte denen gegenüber, die ihre Sympathie besitzen, sind freilich nicht mehr in die Wucht und Cynismen des beginnenden XVII. Jahrhunderts getaucht, an Stelle von Dolchen sind es Nadelstiche, die sie reden; sie nörgeln, sie hetzen, sind schadenfroh. Bei Hamlet müssen wir uns die kleinlichen Züge unserer Zeitgenossen zurückübersetzen in größere Verhältnisse, die in anderen Stil, al fresco, breit und farbenvoll geschildert sind.

Wie verhält es sich nun mit der Verstellung, mit der Simulation von Wahnsinn bei Hamlet? Wir können nicht darum herumkommen, daß er tatsächlich ein auffallendes, abnormes Wesen zur Schau tragen will. Die Neurastheniker gefallen sich oft genug in ihren Absonderlichkeiten und suchen sie zu übertreiben. Die erzählte stumme Abschiedsszene von Ophelia, sowie das Gespräch mit ihr unter dem Refrain: Geh in ein Kloster, das läßt sich noch mit Hamlets nervöser Veranlagung erklären, während sich die lasziven Redensarten beim Schauspiel und die Witze über das kapitale Kalb auf das Konto des Zeitgeschmacks des Dichters setzen lassen. Aber andere Wendungen, wie die vom Fischhändler, vom Wahnsinn bei Nordnordwest usw. sprechen deutlich für beabsichtigte Übertreibung und Vortäuschung im Sinn abnormer Geistesverfassung. An einer anderen Stelle, in Shakespeares „Wie es euch gefällt", sagt eine Person geradezu: „Gebt mir ein Narrenkleid, erlaubt mir nur zu reden, was ich denke". Gerade durch diese Übertreibungen, durch die erwähnten und genährten Zweifel an seiner Geistesbeschaffenheit, konnte er seinem Drange, Dolche zu reden, so gut wie auch der Wahrheit auf die Spur kommen, nur um so ungestümer nachgeben.

Es sei erinnert, daß auch heutzutage das Studium von Irrsinn und Simulation unweigerlich lehrt, wie die Vortäuschung, die Simulation bei einem ganz gesunden Menschen, der dadurch irgend etwas erreichen, etwa Straffreiheit erlangen will, außerordentlich selten vorkommt, während es sich recht häufig darum handelt, daß ein minderwertiger, leicht schwachsinniger, oder ein neurasthenischer oder hysterisch Charakter durch Übertreibung seiner an sich schon abnormen Züge und direkte Simulation von Irrsinn gewisse Zwecke zu erreichen strebt. Solche Simulation auf pathologischer Basis treffen wir auch bei Hamlet.

Ein neurasthenisch veranlagter Charakter ist es, den die Ereignisse stark aus dem Gleichgewicht bringen, aber doch nicht irrsinnig machen. Er übertreibt, er läßt sich die Annahme der Geistesstörung zeitweise gefallen, sein Ziel erreicht er auf Umwegen, unter Überwindung großer Hemmungen und Verstimmungen, wie es seinem unausgeglichenen, disharmonischen Charakter entspricht. Hamlet ist hoch talentierter, geradezu genial veranlagter Übergangsmensch, aber kein Übermensch, der er nur hätte sein können, wenn neben seiner hochstehenden Gedankenwelt in ihm auch das starke, stabile seelische Gleichgewicht, die unerschütterliche Tat- und Willenskraft seiner Ahnen wieder aufgelebt wäre.

Verhältnismäßig einfach ist Ophelia zu verstehen. Unschuldsvoll ist sie emporgeblüht, trotz der verderblichen Umgebung des Hofes. Nur die äußerliche Unsitte in Sprechweise, Schminken usw. hat sie befolgt. Es darf uns nicht befremden, daß sie über Dinge Bescheid zu wissen scheint, die ihren Altergenossinnen unserer Tage fremd sind; das liegt der Zeit des Dichters. Tieck hat mit Unrecht versucht, ihr Verhältnis zu Hamlet als unrein hinzustellen; es ist bekanntlich daraufhin einmal zu einem Duell um die Ehre Ophelias gekommen. Vor allem die lasziven Lieder, die sie im Wahnsinn singt, dürfen für jene Auffassung durchaus nicht verwertet werden. Das erleben wir Ärzte an unseren Geisteskranken geradezu alltäglich, daß die Krankheit auch unschuldsvollen, hochgebildeten und gesitteten Mädchen die unschicklichsten Dinge in den Mund legt. Jene Äußerungen Ophelias sind vielmehr ein der Natur des Leidens trefflich abgelauschter Zug, wie überhaupt diese Erkrankung höchst packend und naturwahr wiedergegeben ist. Wir müssen am ehesten an eine Form der Katatonie denken, eines Krankheitsprozesses, der in jugendlichen Jahren auftritt und selten zur Heilung, meist zum Schwachsinn führt, wenn ihn nicht wie hier Selbstmord oder andere äußere Todesumstände abbrechen. Als Ursache nehmen wir freilich nicht mehr Gemütserschütterungen an, sondern viel prosaischer vermuten wir irgendwelche Umwälzungen des körperlichen Stoffwechsels, verbunden mit erblicher Anlage.

Shakespeare bringt nicht nur ab und zu einen geistig abnormen Menschen auf die Bühne. Die Anzahl seiner eigenartigen, krankhaften Persönlichkeiten ist ungemein groß, so daß ich mich hier darauf beschränken will, nur noch eine Reihe von Namen zu nennen: Titus Andronicus, der

Titelheld des Jugenddramas, in dem bei der Häufung aller Schrecken auch der Wahnsinn nicht fehlen durfte; im zweiten Teil König Heinrichs IV. Kardinal Beaufort, der vor seinem Tode Fieberphantasien erleidet; Constanze im König Johann, die aus ihrem leidenschaftlichen, ehrgeizigen Charakter heraus in Irrsinn verfällt. Dann die Königin in Cymbeline; weiterhin die Geistesstörungen im Sturm; schließlich auch Perikles in dem gleichnamigen, umstrittenen Jugenddrama. Erwähnt sei noch, daß auch die mannigfachen Personen, die Shakespeare mit dem Alkohol in engere Berührung bringt, wie etwa Falstaff und Pistol, Tobias von Rülp, Trinkulo, Kesselflicker Schlau usw., dem ärztlichen Beobachter manche Anregung bieten.

Ganz besonders ist zu betonen, daß es Shakespeare liebt, Parallel- und Kontrastfiguren mit psychisch abnormen Zügen auf die Bühne zu bringen, um durch die sich voneinander abhebenden Gegensätze gerade feinere seelische Differenzen um so plastischer ans Licht zu rücken. Wir sprachen schon von dem schauerlichen Terzett des geisteskranken Lear, des Irrsinn vortäuschenden Edgar und des Narren von Beruf. In Macbeth sahen .wir, wie den Helden das glühende Gewissen zeitweise geistesgestört macht, während in seiner Gattin erst der ausbrechende Irrsinn, das Schlafwandeln, ihr bis dahin schlummerndes Gewissen weckt. Hamlets abnormer Charakter wird durch schwere Leiden immer weiter erschüttert, ja er übertreibt noch seine Verwirrung, er sucht tiefe geistige Umnachtung vorzutäuschen, und in dem nervös sprunghaften Ausbrechen seiner ungeregelten Tatkraft reißt er seine. Umgebung, schuldig oder nicht schuldig, mit in den Abgrund; dabei fällt auch als Opfer die Geliebte Ophelia, deren trauriges Loos der Tod im Wahnsinn wird.

Oft genug treffen wir es ja noch, wie Shakespeare aus der Fülle seiner Menschenkunde äußerlich ähnliche Charaktere nebeneinander stellt, gerade damit sich dadurch die Nüancen des Seelenlebens feiner von einander abheben. Es ist darauf hingewiesen worden, daß sich im „Sturm" geradezu alle Charaktere wie eine Tonleiter nebeneinander in eine Reihe stellen lassen, die von größter Verworfenheit bis zu überirdischer Schuldunfähigkeit führt, von dem tierischen Caliban dem Hexensohn an, der als unzurechnungsfähig gelten muß, über die trunksüchtigen Rüpel Stefano und Trinkulo und die Verbrecher Antonio, Alonso, Sebastian, hinauf zu den normalen Menschen, Gonzalo, Ferdinand, dem abgeklärten Prospero und der unschuldsseligen Miranda, bis schließlich in dem überirdischen Wesen, in Ariel, wieder die Sphäre der undramatischen Unzurechnungsfähigkeit erreicht ist.

Auf ähnliche Weise können wir in dem köstlichsten Lustspiel „Was ihr wollt" geradezu eine Symphonie des Humors erblicken. Alle Instrumente sind vertreten, der feuchtfröhliche Humor des Trinkers Tobias von Rülp, der läppisch heitere, schwachsinnige Junker Andreas von Bleichenwang, der Narr als Humorist von Beruf, die übersprudelnde Laune des Kammerkätzchens Maria, die unfreiwillige Komik des eiteln Pedanten Malvolto, dann der Herzog in seiner Liebestollheit sowie Olivia mit ihrer Liebe zum untauglichen Objekt und schließlich die Situationskomik in dem verwechselten Geschwisterpaar Viola-Sebastian.

Gerade diese feine Abtönung verleiht den Charakteren das unmittelbarste Leben. Nicht die Menschen allein, auch die Geister Shakespeares, die Hexen aus Macbeth, Oberon und Puck, Ariel und Hamlets Vater scheinen der Wirklichkeit entnommen zu sein.

Ganz besonders trifft das zu für die geistig abnormen Menschen Shakespeares. Woher hatte der Dichter diese Wissenschaft?

Zu seiner Zeit war man unter den Ärzten vielfach wieder auf den Standpunkt des Altertums getreten, nach dem die geistigen Krankheiten nichts Wesensverschiedenes von den körperlichen seien. Hippokrates hatte schon genaue Krankheitsbilder der Epilepsie gegeben und vor der Kurpfuscherei gewarnt. Im Mittelalter freilich herrschte unter kirchlichem Einfluß die Ansicht von den Geisteskrankheiten als Folgen der Sünde, während der Humanismus wieder das medizinische Denken lehrte und schärfte, wenn auch noch im vorigen Jahrhundert angesehene Psychiater wie Heinroth, der erste klinische Lehrer der Psychiatrie in Deutschland, den Standpunkt von der Sünde und bösen Leidenschaft als Hauptursache geistiger Störungen vertraten; ja dieser Forscher ging soweit, daß er selbst das Fieber mit Delirium als Folge von Gemütsbewegung hinstellte, Alkoholvergiftung lediglich als Folge von Demoralisation ansah und sogar Irrsinn nach Kopfverletzung als seelisch bedingt auffaßte und dazu das Beispiel anführte, daß ein junger Mann im Zorn sich mit dem Beleidiger der Ehre seiner Geliebten duelliert und dabei eine Kopfwunde bekommt; diese Kopfwunde und die sich daran anschließende Geistesstörung sei eben die Folge davon, daß das Seelenleben früher schon verwundet war.

Entschieden etwas logischer als bei diesem Mann des 19. Jahrhunderts war die ärztliche Auffassung zu Shakespeares Zeit. Freilich steckte sie noch in den Ideen der sogenannten Humoralpathologie, die bekanntlich erst durch Virchow überwunden wurde.

Man glaubte, wie vor allem Sanitätsrat Dr. Lähr in dem erwähnten Buch anschaulich schildert, daß körperliche und geistige Störungen Folge von Veränderungen der Körpersäfte seien. Auf die richtige Mischung der vier Säfte komme es an: Blut, Schleim, helle und dunkle Galle, nach deren Vorherrschaft sich die verschiedenen Temperamente ausbildeten, die ja danach ihren Namen haben: Sanguiniker, Phlegmatiker, Choleriker und Melancholiker. Das Hirn galt als Ausgangspunkt der Nerven und der tierischen Geister, das Herz als Mittelpunkt der Schlagadern und des mit den Lebensgeistern gemischten Blutes und die Leber als der Mittelpunkt der venösen Blutgefäße, die die ungereinigten Ausdünstungen, die sogenannten natürlichen Geister enthielten.

Für die zum Irrsinn führenden Veränderungen der Körpersäftemischung kamen sechs Ursachen, die sogenannten ses res non naturales, in Betracht: Umgebende Luft, Nahrung, Bewegung sowie Ruhe, Schlaf und Wachen, Ausscheidungen und Gemütsbewegungen. Namentlich letztere Ursache, die durch, die äußeren Umstände hervorgerufenen Gemütsbewegungen, herrscht in der Auffassung des Dichters begreiflicherweise vor, da er in dem Gewebe, psychischer Motivierung, das jedes Drama darstellen soll, mit Gemütsbewegungen am weitesten kommt. Wir werden später noch sehen, daß die Gemütsbewegungen heutzutage keineswegs als die wichtigste Irrsinnsursache angesehen werden können.

Daß vor allem das Hirn als das Organ anzusehen ist, in dem die Geistesstörungen ihren Sitz haben, war Shakespeare ganz geläufig, wie an mannigfachen Beispielen schon gezeigt wurde.

Hinsichtlich der Behandlung der Irrsinnigen mißt er neben Zuspruch und Schlaf auch der Musik noch besondere Bedeutung bei, die wir heute wohl zur Unterhaltung und Ablenkung gern verwenden, aber nicht als Heilmittel betrachten. Prospero sagt im Sturm:

> „Ein feierliches Lied, der beste Tröster
> Verirrter Phantasie, heile dein Hirn,
> Das nutzlos Dir im Schädel kocht."

Über die Teufelsaustreibungen und Geisterbeschwörungen bei Irrsinnigen macht sich der Dichter geradezu lustig, indem er sie in humorvoller Weise in seinen Lustspielen „Was ihr wollt" und „Komödie der Irrungen" bei gar nicht Geisteskranken zur Anwendung bringen läßt. Weit voraus war Shakespeare darin seinen Zeitgenossen, wenn wir bedenken, daß selbst Ende des vorigen Jahrhunderts, wie ich in Franken feststellen konnte, noch Besessenheitsglaube und Exorzismus ihr Unwesen getrieben haben.

Die Anschauungen seines Zeitalters über das Wesen geistiger Störung kannte Shakespeare sehr wohl. Es ist aber auch durchaus anzunehmen, daß er seine Kenntnisse noch durch eigene Beobachtung belebt hat. Doch auch die Versuche anderer Dichter, Irrsinnige auf die Bühne zu bringen, waren ihm als Theaterpraktiker vertraut, ebenso wie er auch in der Überlieferung seiner Stoffe vielfach auf derartige Motive stieß, so in der Hamletsage. Es bestand damals schon seit einiger Zeit in London die Anstalt Bedlam, deren Uranfänge auf 1246 zurückgehen. Wie auch später in unseren Landen war es damals Brauch, daß man sie gewissermaßen als Sehenswürdigkeit aufsuchte, um die Kranken zu betrachten. Wie ferner bei Erörterung Edgars erwähnt, zogen auch viele harmlose Geisteskranke bettelnd durch das Land und waren daher Shakespeare wohl geläufige Erscheinungen; Edgar sagt hinsichtlich seiner Verstellung treffend: „Die Gegend beut Vorbilder und Muster mir an Tollhausbettlern".

Bekanntlich war Shakespeares Schwiegersohn selbst Arzt, John Hall, der im Juni 1607, also ein halbes Jahr nach der ersten Aufführung von König Lear, Shakespeares Tochter Susanne heiratete; er soll ein besonders tüchtiger Arzt gewesen sein, der auch medizinische Bücher geschrieben hat.

Daß Shakespeare entsprechend der Ansicht seines Zeitalters in den Äußerungen des Irrsinns zu viel versteckten Sinn einmischte, wurde schon betont. Im ganzen aber müssen wir sagen, er beherrschte durchaus die Kenntnisse seiner aufgeklärten Zeitgenossen auf diesem Gebiet, wenn er auch nicht etwa seiner Zeit intuitiv vorausgeschritten war. Dichterisch betrachtet stehen seine Irrsinnsschilderungen außerordentlich viel höher als die Versuche anderer Dichter seiner Zeit, wie Greene, Marlow und Kyd. Jene eminente Lebenswahrheit seiner psychisch abnormen Personen findet ihre letzte Begründung eben in der dichterischen Eigenart, in Shakespeares Genie. Als solches vermochte er bei jeder kommenden Gelegenheit, durch Beobachtung oder Überlieferung psychisch abnorme Züge zu erfahren, sich auch in die von der Norm abweichende Eigenart der betreffenden Menschenseele einzufühlen und die Einzelzüge zu einem seelischen Zusammenhang zu verarbeiten. Wie ein großer Maler den optischen Wert eines Eindruckes mit einem Blick zu erfassen und auch in seiner Phantasie festzuhalten und weiter zu verarbeiten vermag, so hat der dramatische Dichter die Kraft, seelische Züge mit treuer Lebhaftigkeit aufzufassen und zu einer einheitlichen Charakterschilderung zu durchdenken, ja selbst die krankhaften Einzelheiten zum überzeugenden Bilde einer abnormen Seele zusammenzuprägen.

Goethe

Wenden wir uns zu den Werken Goethes. Wir verehren in dem großen Deutschen den vielseitigsten Dichter, als Dramatiker par excellence freilich war Shakespeare der farbenreichere Psycholog. Vergebens suchen wir unter Goethes dramatischen Gestalten jene Gewaltmenschen, wie sie die Shakespeare'sche Tragödie in langer Reihe vorführt; wenn wir von der buhlerischen Giftmischerin Adelheid von Waldorf absehen, vermissen wir bei Goethe ganz den Typus des dämonischen Weibes, wie es bei Shakespeare in seiner Lady Macbeth und Cleopatra, in der Margarete, Gattin Heinrichs des VI., und Gertrud von Dänemark, in Goneril, Regan und anderen Gestalten antreffen. Ähnlich verhält es sich auch mit den intensiver geistig abnormen Menschen. Sie lagen Goethe sozusagen nicht.

Immerhin aber finden wir sie doch des öfteren vertreten, so daß es sich schon verlohnt, zu fragen: wie treulich hat das Auge des Dichters sie der Wirklichkeit abgeblickt? Wie suchte er das Motiv der seelischen Störung zu verwerten? Und woher schöpfte er seine Kenntnisse?

Hinsichtlich der Auffassung der Psychologie vertritt Goethe vorwiegend eine Art Dualismus, ohne daß er sich darüber in eingehende Erörterungen vertieft hätte. Über die geistigen Störungen herrschte bei seinen Zeitgenossen Streit, ob sie durch Hirnerkrankung oder andere Störungen der Organe und Säfte des Körpers bedingt, oder ob sie durch Leidenschaften verursacht seien. Letzteres lag der dichterischen Auffassung näher. Im wesentlichen sieht Goethe im Irrsinn die Wirkung der Leidenschaft, ja geradezu den Gipfel oder höchsten Grad der Leidenschaft.

Sich mit den Problemen psychischer Abnormität näher abzugeben, fehlte Goethe durchaus die Neigung. Er hatte wie gegen alles Krankhafte, so besonders gegen die Geistesstörungen einen ausgesprochenen Widerwillen. Seiner Meinung nach war die Welt so voller Schwachköpfe und Narren, daß man nicht nötig habe, sie im Tollhaus zu suchen. Eine Anekdote berichtet, daß der Großherzog von Sachsen ihn einmal durch List und Überraschung zum Besuch einer Irrenanstalt mitnehmen wollte, aber der Dichter weigerte sich, mit der Bemerkung, er verspüre kein Bedürfnis, die eingesperrten Narren zu sehen, sondern habe schon vollkommen genug an denen, die frei herumlaufen. Anscheinend hat Goethe auch anderweitig wenig Gelegenheit gesucht, in diesem Punkt Eindrücke zu gewinnen. Die Irrenpflege war noch im Argen; in seiner Heimat Frankfurt bestand eine kleine Anstalt für etwa 40 Kranke, die der junge Dichter wohl kaum aufgesucht hat. In dem Großherzogtum Sachsen-Weimar waren wohl zu Weimar und Eisenach Irrenanstalten in Verbindung mit Zuchthäusern und 1804 wurde noch eine Irrenanstalt in Jena eröffnet. Aber trotz seiner Tätigkeit als Verwaltungsbeamter ist Goethe anscheinend nicht in direkte Berührung mit diesen Anstalten getreten. Auch irrenärztliche Schriften oder dem Verkehr mit Ärzten selbst hat der Dichter wohl nichts entnommen. Immerhin ist zu erwähnen, daß er gelegentlich wohl geistig abnorme Menschen in Privatpflege sah, so den Rechtskandidaten Clauer, dessen Figur in Werthers Leiden verarbeitet worden ist, ferner den psychisch eigenartigen Arzt Zimmermann, der im elterlichen Haus Goethes einige Zeit zu Gast war; Lenz ist erst nach Aufhören seines Verkehrs mit dem Dichter psychisch erkrankt. Auch auf der Reise sah Goethe hier und da gelegentlich geistig Abnorme, so erwähnt er die Kretinen in der Schweiz.

Gretchen im Faust

Goethes bekannteste Schilderung des Irrsinns auf der Bühne ist Gretchen in der Kerkerszene, dessen Zeichnung von Ophelia beeinflußt ist. Die Ursachen sind geradezu gehäuft: Gretchen war im Wochenbett, hat schwere Schuld auf sich geladen durch fahrlässige Tötung der Mutter, Veranlassung zum Tod des Bruders und den Mord des eigenen Kindes, war harten Entbehrungen ausgesetzt, fühlte sich von dem Geliebten schmählich verlassen und sah dem Tode durch Henkershand entgegen. Da verwirrt sich ihr Geist. Sie singt Lieder mit obszönem Einschlag, unter Selbstvorwürfen und Sinnestäuschungen. Aus diesem Ton dürfen wir ebensowenig wie bei Ophelia ungünstige Schlüsse auf ihre ursprüngliche sittliche Veranlagung und Erziehung wagen. Gretchen nimmt die Eindrücke der Außenwelt nur undeutlich wahr, den eintretenden Geliebten hält sie für den Henker, den sie in Voraussicht des Endes noch um Geduld und Gnade anfleht. Erst wiederholter lauter Anruf Faustens lehrt sie den Freund erkennen. Im ersten Augenblick fühlt sie sich geborgen, doch in jähem Wechsel der Stimmung folgt der momentanen Freude die Erinnerung an das verlorene Paradies, dann die stürmische Liebessehnsucht nach seinen Küssen und unter Zweifeln an der Person des Geliebten die Fülle harter Selbstvorwürfe. In Resignation ordnet sie ihr Begräbnis an, sie widerstrebt dem Rettungsversuch und fühlt sich dann durch eine Flucht von Sinnestäuschungen dahingetrieben: bachaufwärts zum Wald, im Teich zappelt ihr Kind, am Berg sieht sie ihre tote Mutter mit dem wackelnden Kopf; dann die Vision der Hinrichtung. Klarheit und Verwirrtheit werden gemischt. Als Mephisto auftritt, erkennt sie den instinktiv gehaßten bösen Geist sofort wieder, sie schaudert nunmehr selbst vor dem Geliebten Faust zurück und in bewußter Ergebung stellt sie sich sterbend in des Himmels Schutz.

Bekanntlich hatte Goethe in der ursprünglichen Gestalt seines Faust, die Neujahr 1887 von Erich Schmidt wieder aufgefunden worden ist, die Kerkerszene in Prosa geschrieben. Das derbe Lied beginnt; den Geliebten hält Gretchen für den Henker. Sie fleht seine Gnade an, sie wähnt ihr Kind im Arm zu haben, sie erkennt den Geliebten und verlangt seine Küsse; Entsetzen, Zweifel, Selbstvorwürfe folgen, sie glaubt, Faustens Hand sei feucht von Blut, er habe den Degen gezückt. „Mein Kopf ist verrückt", ruft sie selber. Der Gräberbeschreibung folgt die Verweigerung der Flucht, die Vision des ertrinkenden Kindes, der Mutter auf dem Stein und der Hinrichtung. Auf Mephistos Erscheinen ruft sie das Gericht Gottes über sich und sagt dem Geliebten „Auf ewig lebe wohl".

Diese Szene im Urfaust ist gedrungener, ursprünglicher, etwas unbeholfener als die endgültige Ausarbeitung in Versen. Besonders lebensgetreu für die Irrsinnsschilderung wirken manche Wiederholungen: „Ich bin so jung, so jung, und war schön und bin ein armes junges Mädchen. Sieh nur einmal die Blumen an, sieh nur einmal die Krone". Einmal gebraucht Goethe die dem Frankfurter Dialekt entsprechende Form: „Singen Liedger auf mich" — statt Liedchen. In der Tat verfallen Geisteskranke infolge ihrer Störung manchmal auf den Dialekt, auch Gebildete, in Hamburg z. B., hier und da in das Plattdeutsche. Aber es wäre meiner Auffassung nach doch in die Dichtung etwas hinein interpretiert, woran Goethe wohl nicht gedacht hatte, wenn man behaupten wollte, er habe mit voller Absicht, um den Eindruck der Natürlichkeit seiner Irrsinnsschilderung zu erreichen, diese Form „Liedger" gebraucht; dafür steht doch diese dialektische Form zu isoliert in der sonst hochdeutsch geschriebenen Szene; wir wissen, daß dem Dichter in den jüngeren Jahren noch vielfach dialektische Ausdrücke untergeschlüpft sind.

Auf einen anderen interessanten Punkt wurde jedoch aufmerksam gemacht von Möbius, auf dessen Bedeutung für die Beurteilung Goethes ich noch zu sprechen kommen werde. Im Urfaust heißt es: „Sags niemand, daß du die Nacht vorher bei Gretchen warst. Mein Kränzgen! Wir sehen uns bald wieder." In der Umarbeitung in Versen von 1798 lautet die Stelle:

> „Sag niemand, daß du schon bei Gretchen warst!
> Weh meinem Kranze!
> Es ist eben geschehen! Wir werden uns wiedersehen!
> Aber nicht beim Tanze."

Hier ist ersichtlich die Zeile „Aber nicht beim Tanze" dem Reim zu Liebe eingefügt, sozusagen als Klangassoziation, ohne daß der Sinn es verlangt hätte. Aber gerade die Flickverse „Es ist eben geschehen" und „Aber nicht beim Tanze" erhöhen durch ihren Reim den Eindruck der Naturtreue jener Irrsinnsszene, sie ahmen die nicht selten gereimten Äußerungen verwirrter, erregter Kranker glücklich nach und steigern so die Gesamtwirkung.

Im ganzen handelt es sich um eine nicht der Natur, sondern Vorbildern abgelauschte Wahnsinnsszene, die man trotzdem als wohlgelungen bezeichnen kann. Ihr Vorbild findet sie am ehesten in Erschöpfungszuständen oder auch in katatonischer Erregung.

Orest

Unter Goethes bekannteren dramatischen Gestalten haben für die heutigen Betrachtungen noch Orest und Tasso ein gewisses Interesse, die allerdings ohne die bestimmte Absicht des Dichters, psychisch leidende Personen zu schildern, doch unter diesem Gesichtspunkt beurteilt werden können. Ganz der Psychiatrie gewidmet ist das Singspiel Lila. Auf die Gestalten der nicht dramatischen, sondern erzählenden Werke Goethes will ich hier nicht eingehen, wiewohl psychopathische Erscheinungen in Fülle zu erörtern wären. Genannt seien nur Werther und seine Kontrastfigur, dann aus Wilhelm Meister der Harfenspieler und Mignon, Graf und Gräfin, die schöne Seele und Aarelie; ferner Benvenuto Cellini und der Kastellan der Engelsburg; weiterhin aus den Wahlverwandtschaften Ottilie und der Baron; schließlich aus „Wahrheit und Dichtung" Lenz und der Arzt Zimmermann.

In Iphigenie tritt Orest auf unter tiefster schwermütiger Verstimmung, beladen von dem Fluch der Götter, verfolgt von den Eumeniden, erdrückt von den Gewissensbissen wegen seines Muttermordes. Im Haine der Göttin Artemis, wo Iphigenie Ihres Amtes als Priesterin waltet, fühlt sich Orest erleichtert, wie eine Freistatt erscheint ihm der Ort. Es kommt zur Erkennungsszene, da aber packt ihn heftige Erregung, die sich zu einem Anfall steigert, der nach Art einer der mannigfachen anfallsartigen Erscheinungen bei Irrsinnigen geschildert ist. Nach wilder Aufregung sinkt Orest zusammen in Ermattung und Betäubung, dann erwacht er baldigst wieder und ist nun geistig abwesend und verwirrt; es ist das Bild eines Deliriums, er bildet sich ein, in der Unterwelt zu weilen und den Zug seiner Vorfahren zu erblicken, er begrüßt sie und möchte ihrem Kreise beitreten. Auch die hinzukommende Schwester und den Freund redet er anfänglich im Sinne dieses Deliriums an: „Kommt mit, kommt mit zu Plutos Tore, als neue Gäste den Wirt zu grüßen." Aber bald tritt wieder geistige Klarheit ein und es löst sich die Verwirrung in Befreiung, die alte Verstimmung ist gleichzeitig verschwunden, der Fluch der Eumeniden ist gebrochen und auch beim Verlassen des heiligen Haines bleibt Orest frei von seinen früheren Gemütsbeklemmungen. Freudig berichtet Pylades der Priesterin, daß ihr Bruder nunmehr geheilt sei.

Goethe spricht wohl davon, daß Orest in der Finsternis des Wahnsinns rase; er mußte wohl versucht haben, Orest als vorübergehend sinnverwirrt hinzustellen. Aber seiner Auffassung nach war es doch nur der Gipfel einer leidenschaftlichen Erregung. Freilich um so eher läßt sich die Szene genießen, je weniger man sich durch die Lehren der ärztlichen Wissenschaft dabei beeinflussen läßt. Besonders Heilung ist wenig motiviert; wohl behauptet der Dichter: „Alle menschlichen Gebrechen sühnet reine Menschlichkeit." Indeß ist die plötzliche Genesung Orests alsbald nach dem Hinzutreten von Schwester und Freund ohne einen mystischen Zug nicht erklärlich. Bereits Schiller hielt diese Verzweiflung und Heilung für bedenklich. Auch der Erklärungsversuch von Dr. Lähr ist ziemlich gezwungen. Man muß wohl annehmen, daß der Dichter durch die Erkennungsszene im wesentlichen schon die Heilung begründen wollte, aber ihren plötzlichen Eintritt dadurch um so wirkungsvoller zu gestalten suchte, daß Orest durch die erste Überraschung bei der Erkennung der Schwester zunächst in eine aufwallende Krise seiner bisherigen Verstimmung gestürzt wurde, nach deren Lösung dann vollständige Genesung eintrat. Es hat wenig Wert, sich den Kopf zu zerbrechen, welcher tatsächlich vorkommender Geistesstörung die Affektion Orests am ähnlichsten sieht. Im wesentlichsten ist sie Produkt der freien Phantasie des Dichters, wennschon der Ohnmachtsanfall nach leidenschaftlicher Erregung und die darauf folgende, rasch vorübergehende Verwirrtheit am ehesten der Hysterie entspricht.

Man hat auch hingewiesen auf die eigenartige Verbrecherfamilie, das Geschlecht des Tantalus. Hier folgte Goethe der antiken Überlieferung, wenn auch das Altertum den Fluch über ein ganzes Geschlecht viel wörtlicher auffaßte und auch die eingeheirateten Familienmitglieder einbezog, gegenüber der modernen Vererbungslehre, nach der lediglich die Blutsverwandten den Keim zur geistigen Erkrankung und in gewissem Grade auch zur sittlichen Entartung und zum Verbrechen in sich tragen können. Daß dem Verbrechergeschlecht doch die reine Blüte der Iphigenie entsprossen ist, darf nicht allzusehr Wunder nehmen. Auch hier dominiert die Überlieferung, aber wir sehen doch in der Tat bei schwer belasteten Familien gelegentlich unter zahlreichen abnormen Gliedern auch immer wieder einige normale, psychisch hochstehende Sprossen, ähnlich wie auch Zola unter seinen degenerierten Gliedern der Familie Rougon-Macquard treffend einzelne tüchtige Vertreter wie Dr. Pascal und Clothilde schildert.

Tasso

Bei Tasso dachte Goethe gewiß nicht daran, eine auch nur vorübergehende psychische Störung auf die Bühne zu bringen. Er wollte den feinsinnig und nur allzu empfindlichen und reizsamen Dichter schildern, der sich leichter als ein prosaischer Durchschnittsmensch zu Zorn und Unbesonnenheit, wie zum Entblößen des Degens im Palaste, hinreißen läßt; als Tasso nach dem Umarmungsattentat auf die Prinzessin mit Recht zurechtgewiesen wird, bricht er in übertriebene Klagen aus, empfindet alle gegen sich aber in wenigen Minuten beruhigt er sich, fühlt sich seiner Dichtergabe bewußt und sucht seine Stütze an dem vorerst angefeindeten Antonio. Die Versöhnung, mit der das Stück schließt, scheint freilich nicht von Dauer, auch wenn man lediglich den leidenschaftlichen Dichtersmann in Tasso erblickt. Als normaler Charakter schon wäre er nicht der Mann zu rascher, dauerhafter Änderung seiner selbst.

Nun ist der historische Tasso zweifellos ein erkrankter gewesen, erblich belastet, ums 30. Jahr erkrankt, mit Sinnestäuschungen, Angstanfällen, Verfolgungswahn, gelegentlichen krankhaft motivierten verbrecherischen Handlungen, bis schließlich der 35jährige ein Krankenhaus aufsuchte, daß er nach sieben Jahren wieder verließ, um dann ruhelos in Italien umherzuziehen, wo er unter kümmerlichen Lebensverhältnissen hinsiechte, meist in Klöstern ein Obdach fand und auch als Gast des Hieronymitenklosters Sant' Onofrio auf dem rechten Tiberufer zu Rom 52jährig starb.

Goethe, der wohl über diesen Lebenslauf aus biographischen Werken über Tasso, so aus Manso und Serassi informiert war, wollte von den krankhaften Erscheinungen gewiß abstrahieren. Aber doch ist soviel von den pathologischen Zügen in seine Dichtung hineingekommen, daß der Irrenarzt ihr eine ausreichende Krankengeschichte eines Falles von Paranoia persecutoria entnehmen kann. Tasso sucht Einsamkeit, lebt in seinen Phantasien, wird beherrscht von Argwohn, hält sich für gewöhnlich korrekt, doch neigt er zu Leidenschaftsausbrüchen. Überall sieht er Absicht, wittert Verräterei und Tücke, die sein Schicksal untergraben. Er ist putzsüchtig, dabei unpraktisch, vergeßlich und schwer beeinflußbar.

„Wohin er tritt, glaubt er von Feinden sich
Umgeben, sein Talent kann niemand sehen,
Der ihn nicht neidet, niemand ihn beneiden,
Der ihn nicht haßt und bitter ihn verfolgt."

Als er nach dem Degenzücken Zimmerarrest bekam, fühlt er sich wie in den Kerker geworfen, seine drückenden Gedanken sind ihm

„Das häßliche, zweideutige Geflügel,
Das leidige Gefolg der alten Nacht,
Es schwärmt hervor und schwirrt mir um das
Haupt."

Zeitweilig unterdrückt er seine besorgten Äußerungen, er verheimlicht und dissimuliert seine Ideen. Nach der dem

Überfall auf die Prinzessin folgenden Verwarnung bricht wieder der Argwohn gegen die vermeintlichen Verfolger wilder hervor:

> „So hat man mich bekränzt, um mich geschmückt
> Als Opfertier vor den Altar zu fuhren.
> So lockte man mir noch am letzten Tage
> Mein einzig Eigentum, mir mein Gedicht
> Mit glatten Worten ab … ."

Zu Antonio sagt er:

> „Es ist Verschwörung und du bist das Haupt.
> Abscheulich dacht' ich die Verschwörung mir,
> Die unsichtbar und rastlos mich umspann,
> Allein abscheulicher ist es geworden."

Es ist richtig, so könnte sich ein beginnender Fall von kombinatorischer Paranoia äußern. Wir dürfen aber nicht vergessen, daß es zahlreiche nervöse Menschen gibt, die zu Verstimmungen und gelegentlichen Beeinträchtigungsvorstellungen neigen, ohne darum einem bleibenden, unerschütterlichen Wahn verfallen zu sein. Wenn wir an derartige Psychopathen denken, so wird auch dem Kenner der Irrsinnszustände doch die Gestalt Tassos erträglich, was sie ja nimmer sein würde, wenn sie lediglich das Gepräge eines von Beginn des Stückes ab Geisteskranken trüge, der ja keine normale psychologische Motivierung aufweisen und somit überhaupt keine dramatische Wirkung hervorrufen könnte.

Lila

Einige Worte seien noch dem absonderlichen und in dichterischer Hinsicht wenig hervorragenden Singspiel oder Schauspiel Lila gewidmet. Hier wollte Goethe das Gebahren und die Heilung einer Wahnsinnigen schildern; freilich handelt es sich dabei lediglich um Laienansichten und

Phantasieprodukte, was die Ursache, die Erscheinungsweise und die Heilung der Krankheit betrifft. Immerhin hielt sich der Dichter dabei an ein französisches Vorbild. Die Baronin in Lila erkrankte geistig auf die falsche Nachricht von der Verwundung und dem Tod ihres Mannes hin. Sie wurde ohnmächtig, lag einige Tage wie in hohem Fieber, behängte sich mit schwarzen Stoffen, floh ihren Mann wie ein Gespenst und flüchtete sich schließlich in der Erregung über die Behandlungsversuche eines Charlatans in den Wald.

Ein Arzt tritt auf und schlägt vor, ihre phantastischen Wahnvorstellungen, daß der Mann von Geistern, Zauberern, Ogern und Dämonen gefangen genommen sei, auch durch eine Phantasiekur zu heilen. Der Arzt geht als Magier verkleidet zu ihr und schon seine Stimme wirkt beruhigend. Er redet ihr vor, daß ihr Mann noch lebe, doch in der Gewalt eines Dämons sei, der auch alle Verwandte und Freunde angelockt habe. Sie sagt zu dem Magier:

„Verzeihet dem kranken, verworrenen Sinn,
Mir ist es im Gemüte
Bald düster, bald heiter,
Ich sehne mich weiter
Und weiß nicht wohin."

Nachdem der Arzt ihr etwas zum Einreihen der Schläfe verordnet, erscheinen die verkleideten Freunde und Verwandten, erst als Feen, dann als Gefangene, mit ihren Ketten tanzend; sie behaupten in der Gewalt eines Ungeheuers zu sein und Lila will ihr Schicksal teilen. Sie wecken Lilas Zuversicht, die darauf ruft:

„Gebt mir den Geliebten frei!
Ja ich fühl' beglückte Triebe!
Liebe löst die Zauberei!"

Nach einem Ballett und Wechseltänzen tritt auf Lila ihr Gatte zu. Sie ist geheilt und umarmt Ihn.

Wenn man das psychiatrische Mädchen für alles, die Hyterie, heranzieht, würde man ja einige Erklärungsmöglichkeiten finden. Indeß diese ganze Denkrichtung, als könne man krankhafte Vorstellungen durch Eingehen auf sie wirklich heilen, war zu Goethes Zeit den Ärzten noch vertraut und ist auch heute bei gebildeten Laien noch etwas Alltägliches. Wohl versucht man gelegentlich bei Neurasthenikern und Hysterischen durch Analysierung ihres Vorstellungslebens, vor allem auch durch Hervorlocken unterbewußter Vorstellungen heilend einzugreifen, aber die Versuche, durch Eingehen auf Wahnideen die Heilung herbeizuführen, sind vom Standpunkt der modernen Psychiatrie aus nicht haltbar.

In diesen Ausführungen über Goethes Gestalten bin ich den Grundrügen nach, wenn auch nicht Schritt für Schritt, dem Wege gefolgt, den Paul Julius Möbius vorausgegangen ist. Dieser ausgezeichnete Kenner der Nerven- und Geistesstörungen, gleichzeitig ein eminent philosophisch denkender Kopf, hat mit seinen sogenannten Pathographien neue Bahnen eröffnet, dabei aber auch viel Widerstand getroffen. Er wollte den Biographen mancher überragender Persönlichkeiten unterstützen sozusagen als psychiatrischer Sachverständiger. Natürlich dürfen wir zunächst dabei nicht an Geisteskrankheiten im engeren Sinne denken, sondern vielmehr an diejenigen seelischen Eigentümlichkeiten, die sich von dem Durchschnitt, der platten Mittelmäßigkeit und Alltäglichkeit abheben und allerdings dem, der mit ihnen gesegnet ist, auch vielfach zum Fluch werden, da z.B. eine gesteigerte Empfindsamkeit, eine üppige Phantasie, eine gleitende Stimmung, selbst ein enorm großes Gedächtnis auch gelegentlich störend und in krankhaftem Sinne wirken können. Wir müssen uns erinnern an den Wortsinn von pathologisch und pathographisch. Das griechische Wort νόσος bedeutet keineswegs nur Leiden und Krankheit, sondern jedes außergewöhnliche Begegnis und Ereignis, insbesondere auch jeden von der Gleichgewichtslage abweichenden Gemütszustand, Stimmung und Leidenschaft Goethe selbst hat noch das Wort pathologisch keineswegs nur in dem Sinne von Krankheit verstanden und gebraucht, sondern gelegentlich verstand er darunter auch eine individuelle Gefühlsreaktion im Gegensatz zum sachlichen Urteil, so daß ihm subjektiv und pathologisch nahezu Synonyma waren. Es ist ein Mißverständnis, wenn man glaubt, Möbius habe jene von ihm geschilderten großen Männer, Goethe, Schopenhauer, Nietzsche usw. lediglich als krank hinstellen wollen. Immerhin wäre einem solchen Mißverständnis vorsichtigerweise vorgebeugt worden, wenn er statt jenes Ausdrucks Pathographie vielmehr den Ausdruck Psychographie gebraucht hätte, also eine Seelenanalyse und eine Schilderung vom Standpunkt des praktischen Psychologen, wie ihn gerade der Psychiater darstellt, der sein Fach richtig und umfassend betreibt, nicht etwa nur als Behüter der schwer angegriffenen, anstaltsbedürftigen Irrsinnigen, sondern als Kenner aller von dem Durchschnitt und Norm abweichenden Eigentümlichkeiten des menschlichen Seelenlebens.

Wir sehen, daß Goethe mit seinen Irrsinnsschilderungen minder präzis die natürlichen Vorbilder trifft als Shakespeare. Der Einfluß der Phantasie und seine Anschauung, daß die Geistesstörungen im wesentlichen gewucherte Leidenschaften seien, mußten dies Ergebnis begünstigen. Wenn einer Pedant genug wäre, um beiden Dichtern die Noten in einem psychiatrischen Examen zu erteilen, so würde er dem Britten I — II, dem Deutschen nur II — III geben.

Daß aber doch Goethe in seinen Werken so häufig die dichterischen Gestalten auch in das psychopathologische Gebiet übergreifen ließ, trotz aller seiner Abneigung gegen das Krankhafte im praktischen Leben, daraus können wir umsomehr entnehmen, eine wie große Bedeutung dem Pathologischen überhaupt innewohnt, indem auch ein sozusagen ästhetisch prüder Dichter wie Goethe an den abnormen Erscheinungen im Seelenleben nicht vorbeigehen konnte. Schließlich müssen wir weiterhin daran denken, daß auch das Abnorme immerhin doch zur Gesamtheit des menschlichen Lebens gehört; gerade ein universaler Geist wie Goethe konnte es in seiner Dichtung, diesem Spiegel des Lebens, darum auch nicht unterdrücken. Im Herzensgründe war der große Dichter ja pantheistisch gesinnt, der ringsum in jeglicher Naturerscheinung einen Hauch seelischen Lebens zu erkennen glaubte. Er konnte sagen, was er seinem Faust in der Szene „Wald und Höhle" in den Mund legte:

> „ … Gabst mir die herrliche Natur zum Königreich,
> Kraft, sie zu fühlen, zu genießen. Nicht
> Kalt staunenden Besuch erlaubst du nur,
> Vergönnest mir in ihre tiefe Brust,
> Wie in den Busen eines Freunds, zu schauen.
> Du führst die Reihe der Lebendigen
> Vor mir vorbei und lehrst mich meine Brüder
> Im stillen Busch, in Luft und Wasser kennen."

Ibsen

Ibsen hat in seinen zahlreichen Dramen eine schwer übersehbare Reihe psychisch abnormer Menschen auf die Bühne gebracht. Wohl haben seine Werke beim Erscheinen auch allgemein heftigsten Meinungsaustausch und teilweise grellen Widerspruch gefunden, soweit daß man eine Zeitlang in Kopenhagen bei Gesellschaften die Einladungskarten mit der Notiz versah: Man bittet, sich nicht über Nora zu unterhalten! Ganz besonders aber loderten Vorwürfe gegen Ibsen auf wegen seiner abnormen Gestalten. Man tadelte ihn als den Dichter des Pathologischen. Beim Erscheinen der Gespenster hieß es, er bringe das Kranken- und Irrenhaus auf die Bühne. Paul Heyse sprach von Hospitalpoesie. Tolstoi nannte den Epilog „Wenn wir Toten erwachen" selbst ein Delirium und einen dekadenten Wirrwar, und Rudolf von Gottschall stellte unserem Dichter Schiller als dem historischen Dichter gegenüber Ibsen als den hysterischen Dichter. Bernhard Shaw hat in seinem geistvollen „Ibsenbrevier" (S. Fischer, 1908) ein von William Archer zusammengestelltes Schimpflexikon mitgeteilt, das lediglich aus Ausfällen der Kritik gegen Ibsen besteht.

Daneben wurde aber wieder, vor allem von ärztlicher Seite, dem Dichter vorgeworfen, seine pathologischen Gestalten seien gar nicht lebensgetreu, sondern er habe sich die geistig Abnormen willkürlich zurechtkonstruiert. Besonders gegenüber Oswald in den Gespenstern wurden derartige Einwände erhoben; Professor Forel meinte, jeder Irrenwärter würde sich sofort von der Fehlerhaftigkeit der Figur überzeugen, und Professor Hoche äußerte sich in dieser Hinsicht: „Häßlich und falsch, das wäre mehr, als dem Zuschauer billigerweise zugemutet werden kann".

Gerade in letzterer Hinsicht scheint mir die Empfindlichkeit weit über das zulässige Maß hinaus gesteigert Häßlich und falsch, sollte das auf die Darbietungen anderer, selbst der besten Dichter nicht auch hier und da zutreffen, ohne daß wir deshalb den Stab über sie brechen dürften? Ich wies bereits darauf hin, daß der erschütterndste Eindruck, den wir zu empfinden vermögen, in der Tragödie seit alters geradezu unerläßlich ist, um die Lösung eines wirklich tragischen Konfliktes zu bieten: Ich meine den Tod des Helden. Es genügt diese Erinnerung, um die unendliche Fülle von Todesfällen auf den Brettern ins Bewußtsein zu rufen, die wohl vielfach nicht dem Zuschauer vor Augen geführt, ebenso oft aber doch auch in voller Deutlichkeit dargestellt werden. Selbst unsere größten Dichter haben sich vor diesem gewaltigsten Effekt, dem Tode eines Menschen auf offener Bühne, nicht gescheut. Wer allzu sensibel alles Häßliche flieht, der dürfte nicht in Götz von Berlichingen mit dem vergifteten Weisungen, dem aus dem Fenster stürzenden Franz, der erdrosselten Adelheid und dem sterbenden Titelhelden gehen, der müßte vom „Tell" und der „Jungfrau von Orleans" zu Hause bleiben, obwohl wir doch selbst unsere reifere Jugend gerade in diese Stücke hineinsenden. Was nun bei der Todesschilderung unserer Dichter die Frage, ob naturgetreu oder falsch, betrifft, so wird jeder Arzt leicht bestätigen können, daß es sich dabei ungemein häufig, ja fast immer um Phantasietodesarten, um effektvolle, aber keineswegs lebenswahre Szenen handelt, die vor allem darin von der nüchternen Wirklichkeit abstechen, daß den sterbenden Bühnenhelden gewöhnlich noch bedeutungsvolle, prophetische Reden in den Mund gelegt werden.

Gegenüber der allzuleicht verletzten Empfindsamkeit mancher Ästheten ist zu betonen, daß der Genuß eines jeden ernsten Kunstwerkes eine gewisse Kraft der Seele voraussetzt. Jene engbrüstigen, überzart besaiteten Menschen, die ein Blutstropfen erschreckt und ein Wort des

Affektes beleidigt, sollten deshalb lieber zu Hause bleiben, statt den Dichtern Gesetze und Einschränkungen vorzuschreiben. Gerade die selbst seelisch angekränkelten Persönlichkeiten sind es oft, die sich erschreckt oder auch betroffen fühlen, wenn pathologische Gestalten auf der Bühne vor ihnen erscheinen. Angesichts dieser Sachlage kann man es gerechtfertigt finden, daß im alten Athen die Aufführungen der großen Klassiker Aischines, Sophokles, Euripides usw. im Dionysostheater überhaupt nur Männern zugänglich waren, mit alleiniger Ausnahme der Priesterin der Demeter, und in jenem Sinne kann man es auch verstehen, wenn Heinrich v. Kleist die Schaubühne allein für Männer in Anspruch nehmen wollte.

Wichtiger als diese ästhetischen Betrachtungen ist für uns die psychologische Seite des Problems: Wie fügen sich die Abnormen ein in das Gewebe des Dramas? Bietet ein Irrsinnsfall noch dramatisches Interesse oder ist ihm dies ganz abzusprechen, da ja von einer psychologischen Motivierung bei einem solchen Menschen nicht mehr die Rede sein kann? Ist es gerechtfertigt, den Ausbruch einer geistigen Erkrankung als die Folge der vorausgehenden Handlung aufzufassen, wie es die Dichter der Ophelia und des Gretchen getan haben? Und schließlich auch: Entspricht das Verhalten eines psychopathischen Charakters einigermaßen der Wirklichkeit oder handelt es sich um naturfremde Phantasie-Erzeugnisse?

Gewiß läßt sich von vornherein erklären: Eine dauernd als schwer geisteskrank aufzufassende Figur ist als dramatischer Charakter unbrauchbar, sie ist jeder psychologischen Entwicklung und Handlung unfähig und kann nur so in den Gang des Geschehens eingreifen, wie äußere Ereignisse, etwa wie ein Gewitter oder ein zufälliger Unglücksfall. Kein Dichter wird eine solche Gestalt als Mittelpunkt und treibende Kraft eines ganzen Dramas bringen.

Selbst bei jenem schwachsinnigen oder idiotischen Amandus in der „Jugend" von Max Halbe ist doch wenigstens der Affekt des eifersüchtigen Zornes motiviert, der ihn zum Schuß auf Hans veranlaßt, wenn auch hier wieder der Zufall eingreift, indem Ännchen von der getroffen wird.

In den meisten Fällen, in denen eine Dichtung seelische Abnormitäten auf die Bühne bringt, handelt es sich keineswegs um die schwereren Grade einer Geistesstörung, sondern vielmehr um solche Fälle, die zwischen geistiger Krankheit und Gesundheit in der Mitte stehen, die sogenannten Grenzzustände. Es gibt in Wirklichkeit keine schroffe Abtrennung zwischen vollständigem Irrsinn und vollständiger Normalität. Schon die meisten schweren Geisteskrankheiten stellen sich ganz allmählich und chronisch ein, mit anfänglich nur schwer feststellbaren Symptomen, die gewöhnlich unversehens an Schwere zunehmen; ihnen gegenüber sind die Fälle eines plötzlichen Ausbruchs des Leidens in der Minderzahl. Aber ganz besonders häufig finden sich auch die Fälle, daß eine Persönlichkeit zeitlebens psychisch eigenartige, pathologische Züge an sich trägt, ohne daß jemals die Aufnahme in eine Irrenanstalt in Frage kommt oder auch nur der Arzt gefragt wird. Diese Schar von Psychopathen ist ungemein mannigfach, erblich Belastete gehören hierher, Menschen mit erhöhter Reizbarkeit, mit einseitigen Neigungen und Talenten, mit Anlage zum Verbrechen, mit extremer Weichheit, mit einem Hang zu Zorn, zu Schwermut, mit Stimmungsschwankungen, mit Zwangsvorstellungen, leicht ermüdbare und erschöpfbare, rastlose und dauernd unruhige Naturen usw., leicht epileptisch oder hysterisch oder neurasthentsch Veranlagte, Trinker und Morphinisten, sexuell Abnorme, Grübler, Sammler, Sonderlinge, Angstmeier, Krakehler usw., dazu auch, Persönlichkeiten mit einer außergewöhnlich hohen geradezu genialen Begabung nach einzelnen Richtungen hin, so daß in dieser Hinsicht sicher etwas Wahres an Lombrosos Betonung der nahen Beziehungen zwischen Genie und Irrsinn bleibt, im Sinne des Dichterwortes:

„Dem Wahnsinn ist der große Geist verwandt
Und beide trennt nur eine dünne Wand."

Die Anzahl dieser eigenartigen und psychisch absonderlichen Naturen, dieser Außerdurchschnittsmenschen, ist weit größer, als man sich gewöhnlich träumen läßt. Deutschland besitzt zur Zeit etwa 300000 schwerere Geisteskranke, während die Zahl jener Psychopathen sich auf das fünf- bis sechsfache einschätzen läßt, also in die Millionen geht und sehr wohl 5% und mehr von allen Erwachsenen beträgt. Wer sich offenen Blickes seine Umgebung anschaut, findet leicht, daß die Sonderlingsnaturen, die Eigenartigen, von dem Durchschnitts- und Alltagsmenschen in irgend einer Richtung abweichenden, nur zum Teil direkt als nervös erkannten Menschen einen ganz erheblichen Bruchteil unserer Gesellschaft ausmachen. Aber gerade diese problematischen Naturen sind es, die einen Dichter reizen müssen, vor allem einen sozialen Dichter wie Ibsen, der seinen Stoff in unserer Umgebung aufsucht. Mit Dutzendmenschen vermag er viel schwieriger etwas anzufangen. Gevatter Schneider und Handschuhmacher würden auf der Bühne leichter langweilen. Schon die dramatischen Gestalten, die eine ethische und auch rechtliche Schuld auf sich laden, sind eben darum keine Alltagserscheinungen. Ganz besonders aber wird der Dichter die tiefgreifende Wirkung eines Problems schildern können, wenn er mit psychisch stigmatisierten, erhöht reizbaren Menschen in einem differenten Milieu experimentiert.

So gut wie bei Shakespeare muß sich auch bei Ibsen mein Vortrag Einschränkungen auferlegen, da nur eine kleinere Auswahl von den mannigfachen eigenartigen Persönlichkeiten seiner 26 Dramen bei der zur Verfügung stehenden Zeit einer psychologischen Analyse oder auch nur einer ganz knappen Skizzierung unterzogen werden kann. Erst recht muß ich Verzicht leisten, auf die Menge der Literatur über Ibsen und seine Werke näher einzugehen, die sich nach einer neuerdings erfolgten Zusammenstellung bereits auf 336 Schriften beläuft.

Peer Gynt und Dr. Begriffenfeldt

Eine Fülle von Problemen bietet Ibsens eigenartiges, faustisches Werk Peer Gynt.

Der Held ist erblich schwer belastet. Sein Vater war durch unkluge Wirtschaft verkommen, er hatte ungeschickte Käufe gemacht, Gastereien und Luxus getrieben und seinen Sohn verzogen. Erst recht maßlos wurde der Bursche verhätschelt durch seine Mutter Aase, die seine üblen Neigungen gut hieß und nur ab und zu durch eine Schimpfpredigt den verwahrlosten Sohn zu bessern suchte. „Sein Vater ein Säufer, die Mutter toll", heißt es von Peer. Als Tagedieb und Phantast tritt der 20jährige Held auf, den seine Mutter zu Beginn des Stückes schon begrüßt mit einem „Peer, das lügst du". Eine abenteuerliche Geschichte bindet er seiner Mutter auf, wie er auf einem verwundeten Renntier einen Felsgrat hinabgeritten und dann 100 Klafter tief durch eine Wolkenschicht hindurch ins Meer gesprungen sei; er wird nicht verlegen, als ihm vorgehalten wird, das sei doch ein altbekanntes Kindermärchen, ja schließlich glaubt die Mutter, von der er die Lust zu fabulieren doch geerbt hat, selber an jene erlogene Geschichte. Tolle Pläne spuken in dem Kopf des unreifen Burschen: „Ich will König werden, Kaiser!" Dieweilen verheiratet sich das ihm auserkorene Mädchen mit einem anderen. Er spielt mit der Mutter, als wäre sie sein Altersgenoß, schleppt sie huckepack davon und erzählt dann der Hochzeitsgesellschaft Späße und Lügen, schneidet prahlerisch auf und bramarbasiert, bis er schließlich die Braut ihrem ungeliebten Bräutigam entführt. Vergebens will ihn dann die Mutter von seinen planlosen Irrfahrten zurückhalten, vergebens schenkt ihm ein unschuldsvolles Mädchen, Solveig, ihr reines Herz. Im wilden Gebirge wird Peer dann in Anspruch genommen vom Volk der Trolle. Deren König, der Dovrealte, gibt ihm die Tochter zum Weibe, Peer ist auch bereit, sich zu akklimatisieren, und empört sich erst, als man ihm auch den nicht wieder gut zu machenden schielenden Blick beibringen will. Die tierischen Triebe und Lüste sind in den Trollen verkörpert Wesentlich ist die Vergoldung niederen Schmutzes durch Peers Phantasterei und Selbsttäuschungen. Aber auch wenn man jene als nach Absicht des Dichters wirklich existierende Fabelwesen auffaßt, wirkt ihr Erscheinen doch frappant, weil sie erst im zweiten Akt des so realistisch, im frischen Bauernleben einsetzenden Dramas auftreten. Kirchenglocken bringen dann den Spuk zum Verschwinden. Peer entgeht dem unheimlichen Riesen, jenem mystischen Krummen, der von den Auslegern meist als Symbolisierung der Volksmasse, der kompakten Majorität aufgefaßt wird.

Die Liebe Solveigs fesselt ihn nicht. Er tritt an das Sterbelager der Mutter. Hier wird ihm die Phantastik zum Segen. Die beiden Träumer, Mutter und Sohn, spielen sich in kindlicher Art über die letzte Trennung hinweg, er suggeriert der Mutter, wie er sie im Renntierschlitten entführt zum Märchenpalast und wie der Himmel sich ihr öffnet. Die Alte stirbt darüber, Peer überläßt die Beerdigung den Nachbarsleuten und zieht eilig in die Ferne.

Was wir in dieser ersten Hälfte des dramatischen Gedichts wahrnehmen, vor allem die Phantasterei, erinnert an pathologische Charakterzüge, mag auch der Dichter die einzelnen Aufschneidereien altnorwegischen Volksmärchen entnommen haben. Erst in den letzten Jahren wurden die nicht gar zu seltenen Fälle richtig gedeutet, daß jemand geradezu in einer Phantasie- und Traumwelt lebt und lügen und aufschneiden muß so gut wie Atem holen. Auf hysterischer Grundlage vor allem entwickelt sich jene pathologische Lüge, die sogenannte Pseudologia phantastica, die oft genug zu Konflikten mit dem Gesetz führt, ursprünglich aber lediglich aus innerem Drange ausgeübt wird. Vielfach erwächst später auf solchem Boden Hochstapelei, oft ergeben sich die schlimmsten Konsequenzen daraus. Verhängnisvoll kann es auch werden, wenn eine solche Person vor Gericht eidlich vernommen wird und dann mit dem Ausdruck voller Gewißheit phantastische Lügen beschwört; so erklärte sich der bekannte Fall von Heussler, in dem die Angeklagte völlig unschuldig, nur auf Grund der Aussagen eines hysterisch verlogenen Dienstmädchens zwei Jahre lang im Zuchthaus saß. Mark Twain berichtet in einer Novelle von einem Jungen, der aus bloßer Lust am Lügen und Schwindeln während des Sezessionskrieges ein ganzes Fort wochenlang in Aufregung hielt. Von Gottfried Keller ist die Erzählung aus dem „Grünen Heinrich" bekannt, wie er lediglich aus Lust am Lügen seine Spielkameraden übel verleumdete.

Ich selbst hatte Gelegenheit, ein 16jähriges Mädchen zu untersuchen und zu begutachten, die mehrere Jahre hindurch ihre Familie in Aufregung hielt mit der frei erlogenen, phantastischen Geschichte von der Liebschaft eines Grafen, der sich ihr nähere, ihr Briefe und Geschenke sende und um ihre Hand werbe. Eine anscheinend von mehreren Personen herrührende Korrespondenz kam allmählich in das Haus, doch war, wie ich aus der schriftvergleichenden Untersuchung von allerhand Aufzeichnungen entnehmen konnte, alles von dem Mädchen selbst geschrieben, die sich gewandt in der Ausführung fremder Handschriften, einer Kinderschrift, einer Offiziershandschrift usw. geübt hatte.

Auch die mancherlei Geschenke, Blumen, Briefpapier, ein Ring mit der Grafenkrone usw., waren von dem Mädchen selbst an die eigene Adresse in das Elternhaus gesandt worden, wie sie mir in einer Hypnose wenigstens teilweise zugegeben hat. Der Vorstellungskreis wurde von der Mutter genährt, die in törichtem Stolz wie Peer Gynts Mutter Aase selbst an die romantische Geschichte glaubte, bis endlich die Spargelder des Vaters und eine beträchtliche Geldsumme von Verwandten, wo die Schwindlerin zu Besuch war, verschwanden und dann eine gerichtliche Untersuchung das Phantasiegebäude zertrümmerte.

Nicht immer bedeuten die früh auftretenden Lügereien einen Defekt für das Leben. Sie hängen zusammen mit der kindlichen Lust am Träumen und Fabulieren, wie wir es auch aus Goethes Jugendgeschichte kennen, der gern Zauber- und Mordgeschichten erfand und sie seinen Spielkameraden auftischte mit einem Ernst, als ob er selbst daran glaubte. Bei vielen Kindern ist es nichts Seltenes, daß sie lügen und schwindeln, ohne sich etwas Schlimmes dabei zu denken. Selbst bei einem Kinde von 8 Monaten kam derartiges schon einmal zur Beobachtung. Manchmal handelt es sich auch darum, daß das Kind Träume mit der Wirklichkeit vermischt oder auch sich an Dinge, die ihm erzählt worden sind, mit solcher Lebhaftigkeit erinnert, daß es sie für erlebt hält. Nicht allzu tragisch sind daher die kindlichen Phantasien zu nehmen, wenn ihnen die Erziehung selbstverständlich auch scharf entgegenarbeiten muß. Jenes von mir untersuchte Mädchen hat sich seit dem Eklat jetzt bereits eine Reihe von Jahren gut geführt. Auch bei unserem Peer Gynt, dessen Lügereien alle aus Lust am Fabulieren mit Humor und Liebenswürdigkeit vorgebracht wurden, hat sich der Hang zur Lüge nicht als solcher erhalten.

Wir treffen ihn im zweiten Teil des Gedichtes wieder nach einem bewegten Leben, in dem er es zu reichen Glücksgütern gebracht hat. Ich muß gestehen, daß mir nach den Jugendleistungen Peers diese Entwicklung nicht recht wahrscheinlich vorkommt, mag auch in der Entstehungszeit des Werkes noch plötzlicher Reichtum durch Goldgräberei in Amerika im Volksmund viel genannt worden sein. Um so echter ist freilich die Art, wie sich aus dem Lügner und Phantasten nun ein Egoist entwickelt hat. Im Gegensatz zu Ibsens Pfarrer Brand, dessen Vorschrift lautete: lebe dich selbst, vertritt Peer Gynt in seiner Theorie von dem Gynt'schen Selbst den kraß egoistischen Standpunkt: Lebe dir selbst. Wohl denkt er noch an die Gründung eines Kaisertums, wie einst in den jugendlichen Flegeljahren. Diesmal aber läßt sich schon über die Möglichkeit diskutieren, ob er nicht mit seinen Millionen wenigstens nach dem Vorbild Lebaudys Kaiser der Sahara werden könnte. Sein bunt wechselndes Schicksal führt ihn in das Irrenhaus von Kairo, dessen Direktor Dr. Begriffefeldt oder in der früheren Fassung Dr. Phrasenfeldt er schon bei der Sphinx getroffen hat. Ibsen macht diesen Irrenanstaltsdirektor zu einem Doktor der Philosophie, somit an die rückständige Lage der Irrenfürsorge und Psychiatrie vor mehr als hundert Jahren erinnernd, wo man die Geisteskranken vielfach noch in die Obhut von mancherlei Nichtärzten, von Geistlichen, Verwaltungsbeamten u. dgl., gegeben hat und u. a. in Hamburg noch der Fall vorkam, daß ein Lizentiat Rüsau, der in religiösem Wahnsinn seine Frau und 4 Kinder getötet hatte, nach dem Gutachten des Direktors Gurlitt von der Gelehrtenschule hingerichtet wurde, während ihn zwei Physici (Gerichtsärzte) für geisteskrank erklärt hatten. Bekanntlich hat der große Philosoph Kant (Pragmatische Anthropologie, § 41) auch noch verlangt, daß ein Verrückter, der eine strafbare Handlung begangen hat, zur Begutachtung nicht an die medizinische, sondern an die philosophische Fakultät zu verweisen sei. Heutzutage gilt es als selbstverständlich, daß die Untersuchung und Behandlung sowohl wie auch die Begutachtung eines geistig Abnormen nicht Sache des Psychologen und Philosophen oder Theologen ist, sondern Aufgabe des Arztes, der freilich für diesen Fall mit psychologischen Kenntnissen ausgerüstet sein muß.

Jener Dr. phil. Begriffenfeldt nun, der mit der Klage auftritt: „Mein armer Kopf ist nahe daran zu zerbrechen", und gleich darauf einen unmotivierten Sprung macht, soll nun zweifellos selbst als geistes-krank aufgefaßt werden. Schon aus der Form seiner Reden läßt sich das schließen, die selbst das bemerkenswerte Symptom der Klangassoziation erkennen läßt: „Es war ein Aal, nicht wie ein Fuchs. Durch den Kopf eine Ahl", heißt es in einer der deutschen Übersetzungen. Ob dem Dichter die Laienansicht vorschwebte, daß längerer Umgang mit Irren sozusagen abfärbe oder anstecke und sich daher bei Psychiatern selbst manchmal Abweichungen vom normalen Geisteszustand ergeben, sei dahingestellt. Wahrscheinlich klingt das kaum, denn gerade in der Ursachenlehre hat sich ja Ibsen, wie seine späteren Werke zeigen, den modernen Erkenntnissen zugewandt, nach denen es sich nicht darum handelt, daß ein Psychiater durch den Verkehr mit seinen Kranken selbst verrückt wird, sondern vielmehr psychisch eigenartig veranlagte Naturen von vornherein gern zu Selbstbeobachtungen und psychologischen Grübeleien neigen und infolgedessen auch hier und da ein solcher, von Naturanlage etwas Nervöser sich dem seinen Neigungen entgegenkommenden Beruf eines Irrenarztes zuwendet. Meines Erachtens hat der Dichter mit dem verrückten Irrenhausdirektor als Gegenspieler gegen den egozentrischen Peer Gynt lediglich eine Häufung der Effekte angestrebt.

Die Schilderung der Irrenanstalt von Kairo stellt eine wilde Karikatur dar; tatsächlich befindet sich dort eine solche große Anstalt, die der Dichter vielleicht 2 Jahre nach dem Erscheinen des Werkes auf einer Reise zur Eröffnung des Suezkanals gesehen hat und die ihm möglicherweise vorher schon vom Hörensagen bekannt war, wie ja auch Anspielungen auf den Suezkanal in Peer Gynt zu treffen sind. Der Dr. phil. Begriffenfeldt sperrt sein Pflegepersonal in die für die erregten Kranken bestimmten Käfige und wirft den Schlüssel in den Brunnen. Er bleibt ruhig, .als ein Kranker sich aufhängen will, und als ein anderer vom Messer spricht, reicht er ihm selbst die Waffe dar und bemerkt zu dem Unglücklichen, der sich den Hals abschneidet, lediglich: „Du mußt nicht spritzen". Schließlich springt er mit einem Strohkranz in der Hand auf den ohnmächtig umsinkenden Peer Gynt zu, setzt sich rittlings auf ihn und läßt ihn als des Selbstes Kaiser hochleben. Eine hinlängliche Klärung der wirren Irrenhausszene dürfte sich schwerlich geben lassen. Wohl hat man darauf Hingewiesen, daß der Kranke Huhu, der die Orang-Utan-Sprache erforschen will, eine Anspielung auf die Bemühungen um Einführung einer norwegischen Volkssprache darstellt, daß der irre Fellah mit einer Mumie auf dem Rücken die Schweden persifliere, die immer noch mit ihrem längst versunkenen Nationalhelden Karl XII, prahlen, und daß der Patient Hussein, der sich in eine Schreibfeder verwandelt wähnt, die nutzlose Notenschreiberei der nordischen Diplomatie, insbesondere einen schwedischen Staatsmann verspottet; eingefügt sei hier, daß die Kommentare, auch das ausgezeichnete Buch von Wörner, in dieser Ibsengestalt des Hussein aus dem 1867 erschienenen Drama eine Anspielung auf das Diplomatenschreibwesen während des Kriegs von 1870 erblicken wollen. Nach der Natur sind jene Irrenskizzen auf keinen Fall entworfen und unserm Verständnis werden sie wohl nie restlos erschlossen werden, ebenso wenig wie alles das, was Goethe in seine beiden Walpurgisnächte hineingeheimnist hat.

Der phantastische Peer Gynt mit seinem arbeitsscheuen Abenteuertriebe stirbt schließlich im Schoße Solveigs, die in treuer, entsagender Liebe ein langes Leben auf ihn gewartet hat. Offenbar wollte der Dichter mit diesem versöhnlichen Schluß auch dem Märtyrer der Phantasie das Goethewort zuerkennen: „Wer immer strebend sich bemüht, den können wir erlösen".

Helena in „Kaiser und Galiläer"

Nur mit kurzen Worten erwähne ich das gewaltige Doppeldrama „Kaiser und Galiläer", dessen Held Julian der Abtrünnige ein eigenartiges Gemisch genialer Veranlagung und absonderlicher Züge darstellt. Halb Held und halb eitler Narr, tintenschmierender Bücherwurm und talentvoller Feldherr, scharf sinniger Philosoph und größenwahnsinniger Phantast, so wurde er beurteilt.

Von besonderem Interesse ist die Abgangsszene der Helena, der Gattin Julians, die durch vergiftete Pfirsiche in Wahnsinn und Tod getrieben wird. Wie sie erotisch erregt, unter Sinnestäuschungen und Verkennung der Umgebung einherstürmt und zusammenbricht, ist ein kleines Meisterstück dramatischer Schilderung und könnte sehr wohl der Wirklichkeit, einem Vergiftungsdelirium, etwa einer akuten Atropinvergiftung, abgelauscht sein.

Hilmar Tönnesen in den „Stützen der Gesellschaft"

Die gesellschaftlichen Dramen Ibsens liegen uns am nächsten. Schon im „Bund der Jugend" steht als Mittelpunkt eine vom Durchschnitt abweichende Gestalt, Steensgard, ein typischer Hochstapler, ein egoistischer Streber, Agitator und Heiratsjäger.

In den „Stützen der Gesellschaft" tritt uns der neurasthenische Dégénéré Hilmar Tönnesen entgegen. Leidlich beanlagt, so daß er als junger Mann für ein Liebhabertheater ein Stückchen schreiben konnte, treibt er sich doch dauernd ohne irgend welche nützliche Beschäftigung herum. Nichts vermag er ernst zu nehmen. Mit seiner saloppen Redeweise hängt er sich in jede Angelegenheit hinein. Den Eisenbahnstreit seines Verkehrskreises und Heimatsortes betrachtet er als Zerstreuung. Im Klub liest er Beschreibungen von Nordpolfahrten usw. Dem jungen Neffen Olaf setzt er allerhand Grillen in den Kopf, der Bursche soll mit Gewehren schießen, Bären und Büffel jagen, nach Amerika ziehen und mit den Rothäuten kämpfen. Bei aller Schwärmerei für den Mannesmut hat er Angst vor der kindlichen Armbrust. Lautes Sprechen im Nebenzimmer ist ihm unangenehm, den Ton einer Clarinette kann er nicht ertragen. In naivem Egoismus redet er immer von seinem Leiden, „Ich mit meiner Krankheit" ist sein Lieblingswort, die Frage, ob er gut oder schlecht schläft, ist für ihn das wichtigste. Für irgend ein ernstes Leiden ergibt sich freilich kein Anhaltspunkt, Hilmar ist vielmehr ein Stück malade imaginaire. Auf seine Gescheitigkeit bildet er sich nicht wenig ein, bezeichnet sich als „ziemlich geübten Beobachter" und wirft dem Chef des Hauses vor, dieser sei lediglich ein Optimist. Seine Hauptstärke sind Phrase, an denen er bei keiner Gelegenheit spart. Die Fahne hochhalten, ist seine alltägliche Redensart. Bei der großen Wandlung und Reinigung am Schluß Dramas schleicht er trübe von dannen. Selbstmord tut er sich gewiß nicht an, aber zu einer Wandlung seinerseits, zur Aufnahme nützlicher Tätigkeit wird es Hilmar auch sein Leben lang nicht mehr bringen.

Nora und Dr. Rank

Neuerdings wurde versucht, aus der Nora eine Hysterische zu machen. Zweifellos lassen sich bei ihr, die auch von nicht einwandfreien Eltern abstammt, einige daran erinnernde Züge feststellen. Ihre Spielsucht und Naschhaftigkeit, ihre Lügenhaftigkeit und ihre Sehnsucht nach dem Wunderbaren, wie auch ihr sprunghafter Entschluß zum Davonlaufen alles das würde sich dafür wohl heranziehen lassen. Aber es fehlt doch der Grundzug der Hysterie, die Egozentrizität, die dominierende Stellung des Ichs im Zentrum ihres Denkens, die instinktive Selbstsucht, das Vordrängen, die Boshaftigkeit und die Wehleidigkeit der Hysterischen. Auch die Entsagung und das fleißige Geldverdienen zur Abzahlung des Darlehens entsprechen nicht der Hysterie. Die an Nora auffallenden Einzelzüge lassen sich sehr wohl daraus erklären, daß sie das über die Jahre hinaus kultivierte Kind darstellt, das in die Rolle der verantwortungsvollen Haus- und Ehefrau auf Grund der verkehrten Erziehung durch Eltern und Gatten eben noch nicht eingeführt worden ist. Wollte man mit aller Gewalt die Eigenheiten der Nora als lediglich hysterisch bezeichnen, so würde darunter die Idee des ganzen Werkes leiden, die ja gerade darauf hinzielt, daß in der modernen Kaufehe der Mann sein Weib lediglich als Puppe behandelt und sie dadurch an der rechten Entwicklung ihres Selbst über die Kindesart hinaus verhindert, bis ihr endlich in der Stunde der Not Enttäuschung die Augen aufgehen und sie sich in ihrem Wesen groß entfaltet. Allerdings wurde die Bedeutung des vielfach angegriffenen Entschlusses Noras, Mann und Kinder an den Weihnachtstagen jählings zu verlassen, von dem Dichter selbst abgeschwächt, indem er bekanntlich diese Szene einmal zu einem versöhnlichen Ausgang umgearbeitet hat.

Eine echt Ibsen'sche Gestalt soll Dr. Rank sein, der selbst als Kranker und Repräsentant der Vererbungstheorie auftritt, zunächst noch in dem gedämpften Licht des Gegenspielers, während die ideelle Fortsetzung von Nora, die Gespenstertragödie, den erblich belasteten und ebenfalls schwer am Zentralnervensystem leidenden Oswald grell in den Vordergrund rückt. Dr. Rank ist der ruhige, gebildete, weltkluge Hausarzt und auch der Hausfreund, doch im korrekten Sinne des Wortes, wiewohl Frau Nora, in ihrem kindlichen Leichtsinn nicht mit mancherlei weitergehenden Ermutigungen zurückhält. Er stellt nicht nur mit seiner Krankheit, der auch der Helmer'schen Familie geläufigen Rückenmarksschwindsucht, eine Folie zu dem scheinbaren Glück des befreundeten Ehepaares dar, sondern er bildet auch zu dem an gegenseitigen Vertrauen so armen, vor allen Lebensschicksalen erzitternden Paare Nora-Thorwald einen wirkungsvollen Gegensatz durch seine männliche Bestimmtheit und Klarheit über sein eigenes Schicksal und durch die starre Konsequenz, die er daraus zu ziehen weiß. Sobald er über sein bevorstehendes Ende infolge der Krankheit Gewißheit zu haben glaubt, beschließt er sein Leben durch eigene Hand. In dem früheren Entwurf des Dramas hatte sich Rank noch zu etwas plumperen Anspielungen über die Selbstmordmethoden herbeigelassen, durch ein paar Tropfen aus einer Flasche oder einen Schnitt mit einer Lanzette in die Pulsader, wobei man noch interessante Beobachtungen anstellen könne. Auch gibt er sich da noch entschieden brutaler, er erörtert eingehender das Recht, einen Kranken zu beseitigen, bezeichnet einen kranken Minenarbeiter, den er noch zu besuchen hat, als einen versoffenen Schlingel und gebraucht die rohe Wendung: „Das Biest wäre im Stande, mir zu krepieren". In der entgültigen Fassung des Puppenheims ist die Gestalt durch Streichung solcher Stellen auf ein höheres Niveau erhoben, wenn schon ein Anflug von Cynismus bleibt.

Eine andere Frage ist es freilich hinsichtlich der medizinischen Glaubwürdigkeit. Wohl wäre es kleinlich, mit dem Dichter darüber zu streiten, inwieweit seine medizinischen Behauptungen streng zutreffen, aber doch gerade angesichts seines Versuches, gewissen Lehren eine bedeutsame Stellung im Drama einzuräumen, wie jener von der Vererbung von Krankheiten, die Ibsen auch an der Hand von Werken Darwins, Spencers und Häckels studiert hat, müssen auch die fachmännischen Bedenken zu Worte kommen. Gerade die naturalistische Richtung der Dramatiker im letzten Fünftel des vorigen Jahrhunderts hat derartige Ansprüche auf realistische Krankheitsschilderung erhoben, Ibsen selbst liebte seine innige Vertrautheit mit dem Stofflichen zu betonen und gebrauchte den Verfassern historischer Dramen gegenüber wegwerfende Wendungen wie die: „Kann man über Unbekannte Dramen schreiben?"

Dr. Ranks Leiden, die Rückenmarksschwindsucht oder Tabes dorsalis, soll im Stück auf angeborener Grundlage beruhen. „Mein armes unschuldiges Rückgrat muß für meines Vaters lustige Leutnantstage büßen", sagt er. Die Trüffeln und Austern erwähnt er wohl nur in scherzhafter Ausführung, während Nora zunächst noch auf den Alkoholmißbrauch, Sekt und Portwein, verweist, aber ihrer Freundin Frau Linden gegenüber doch zeigt, daß sie den Zusammenhang besser versteht, da sie von den Liebschaften des Rank senior gehört hat. Schon von Jugend auf war unser Rank krank.

Nun liegt nach heutiger wissenschaftlicher Anschauung die ursächliche Verkettung derart, daß Rückenmarksschwindsucht und auch Gehirnerweichung in einem Organismus auftreten, der vor Jahren an einer meist bei sexuellen Ausschweifungen erworbenen ansteckenden Krankheit (Syphilis) litt. Manchmal freilich verhält es sich auch derart, daß das Kind eines an solcher Ansteckung leidenden Vaters schon bei der Geburt Spuren dieser Krankheit aufweist und dann eventuell nach einer Reihe von Jahren einer der erwähnten Folgekrankheiten zum Opfer fällt. Gehirnerweichung im Kindes- und frühen Jugendalter ist gewöhnlich so zu erklären. Der Zwischenraum zwischen den ersten Zeichen des ansteckenden Leidens, also in derartigen Fällen dem Säuglingsalter, und dem Ausbruch der später hinzutretenden Nachkrankheit des Zentralnervensystems ist verhältnismäßig kurz, 5 oder 10 Jahre, höchstens 15 Jahre, selten mehr. Bei Dr. Rank, den wir uns doch immerhin als einen 30- bis 40jährigen Mann vorstellen müssen, wäre diese Zwischenfrist zu hoch bemessen. Nur ganz vereinzelt, als Rarität sozusagen, wurde der Fall beobachtet, wie einmal bei einem 32jährigen Arbeiter im Eppendorfer Krankenhause durch Oberarzt Dr. Nonne, daß die ererbte Ansteckung noch im vierten Lebensjahrzehnt eine Rückenmarksschwindsucht auftreten ließ. Aber als etwas Typisches darf man den von Ibsen konstruierten Fall keineswegs auffassen. Übrigens könnte, medizinisch genau genommen, sich Rank die als Grundlage seines Nervenleidens angesehene Ansteckung auch selber erworben haben.

Doch auch im übrigen ist das Verhalten Dr. Ranks nichts weniger als medizinisch einwandfrei, so wenn er behauptet, daß er durch eine eingehende Untersuchung seines Organismus zum Resultat gekommen sei, sein Verfall stehe unmittelbar bevor. Die Feststellung der Hauptsymptome ist recht simpel, so daß es hierzu einer besonderen, ausführlichen Prüfung nicht bedarf. Die komplizierteren Methoden jedoch konnte Rank nicht bei sich selbst zur Anwendung bringen, auch existierten die heute üblichen Untersuchungen damals noch nicht. Aber auch die Prognose des Leidens stellt Dr. Rank verkehrt, viel zu schwarzseherisch, wenn er sich bald den Würmern fallen glaubt. So lange er noch, wie im Stück, Klavier spielen und schneller als Frau Linden die Treppen ersteigen kann, auch noch salonfähig bleibt und tief in die Nacht hinein die geräuschvolle Unterhaltung eines Kostümballes, viel Alkohol und schwere Zigarren verträgt, steht es noch nicht so übel mit einem Rückenmarksschwindsüchtigen, und es erscheint auch unangebracht, ihn auf der Bühne wie den Gevatter Tod darzustellen. Ein leicht schleudernder Gang und Vorsicht in den Bewegungen wäre das einzig Zulässige, wodurch der Schauspieler Ranks Leiden andeuten sollte. Bei entsprechender Lebensweise und gelegentlicher Behandlung der Bewegungsstörungen könnte sich Dr. Rank noch leicht ein Jahrzehnt in erträglichem Zustand halten und auch noch mit Schonung in seinem Beruf tätig sein; selbst in Lebensversicherungen können solche Tabiker unter Umständen noch aufgenommen werden. Wohl war man zur Zeit der Abfassung des Stückes in den siebziger Jahren noch nicht so weit mit der wissenschaftlichen Erkenntnis der Rückenmarksschwindsucht wie heute, aber doch ist im ganzen Dr. Rank hinsichtlich seiner Bedeutung für die Erblichkeitslehre, seiner Selbstuntersuchung und seiner Todeserwartung als verzeichnet hinzustellen.

Oswald und die „Gespenster"

Dem klassischen Drama der Frauenfrage, wie Fritz Mauthner das Puppenheim nannte, folgten die Gespenster als eine Art von Fortsetzung, indem sie Antwort auf die Frage geben wollten, was wohl aus der weiteren Ehe Noras geworden wäre, wenn sie um der Kinder willen zurückgekehrt wäre. Freilich handelt es sich doch wieder um eine andere Verkettung der Umstände. Thorwald Helmer ist bei aller inneren Hohlheit und verschleierten Brutalität, ja bei einer gewissen Verwandtschaft mit dem Hjalmar in der Wildente, eben doch kein verseuchtes Opfer der Wollust wie Rank senior und wie Oswalds Vater, Kammerherr Alwing. Die Grundlage der Familienentwicklung ist bei letzterem doch wesentlich schlechter, bei ihm konnte eher die furchtbare Nemesis, der frühzeitige Tod Oswalds im Wahnsinn, an der Gehirnerweichung, eintreten, trotz des heroischen Opfers von Frau Alwing, der eigentlichen Heldin der Gespenstertragödie.

Frau Alwing war mit einem Wüstling verheiratet. Um ihren Sohn von diesem Einfluß fernzuhalten, ließ sie ihn fern von der Heimat erziehen. Um ihm das Andenken an den Vater fleckenlos zu erhalten, gründete sie auf dessen Namen ein Asyl. Aber alle ihre Bemühungen, die Wahrheit zu verdecken, sind umsonst. Das Asyl geht in Flammen auf und der Sohn verfällt in Wahnsinn, dem er schon lange entgegensah, nachdem ihn der Arzt in Paris über gewisse Störungen aufgeklärt und ihm angedeutet hatte, daß die Sünden der Väter an ihm heimgesucht werden. Die unglückliche Frau Alwing sieht ihr gutgemeintes Lügengebäude vernichtet und mit ihrem Zweifel, ob sie den irrsinnigen Sohn nicht völlig vom Leben befreien soll, schließt das grausame Stück.

Erblickt man so in Frau Alwing den Mittelpunkt des Ganzen, so kommt es nicht weiter darauf an, daß Oswald eigentlich keine Charakterentwicklung zeigen kann, da er eben schon zu Beginn des Stückes unter dem Bann der Krankheit steht. Wie verhält es sich mit dieser Krankheit und der angenommenen Erblichkeit?

Zweifellos soll es eine progressive Paralyse, eine Gehirnerweichung sein. Zur Zeit, als das Stück geschrieben wurde, sahen noch viele Ärzte die Ursache des Leidens in Ausschweifungen aller Art. Heutzutage sieht man sie in einer bestimmten sexuellen Ansteckung, der Syphilis, die freilich gelegentlich auch einmal einen Unglücklichen rein zufällig, etwa bei der Pflege solcher Kranker, geradezu als

Berufsunfall treffen kann. Auch die Kinder eines mit jener Krankheit angesteckten Menschen können schon Zeichen des Leidens auf die Welt bringen. Gelegentlich tritt bei einzelnen jener Kranken nach Jahren als Folgekrankheit des Zentralnervensystems eine Rückenmarkschwindsucht oder Gehirnerweichung hinzu; daß jemand wie Oswald so verhältnismäßig spät, etwa Mitte seiner zwanziger Jahre, an der Nachkrankheit seines angeborenen Leidens erkrankt, ist wenig wahrscheinlich, immerhin nicht so auffallend wie bei dem als älter gedachten Dr. Rank.

Auch die Art und Weise, wie die Gehirnerweichung bei Oswald auftritt, ist nicht die alltägliche. Wohl sind die unbestimmten Vorahnungen und die Arbeitsunlust recht treffend geschildert, es handelt sich um das sogenannte neurasthenische Vorstadium, des Leidens. Aber die Schlußszene, wie Oswald nach durchwachter, stürmischer Nacht und heftiger Unterredung plötzlich tief geistesgestört zusammenbricht und „Mutter, gib mir die Sonne" lallt, ist wieder nichts weniger als typisch. Immerhin, mit einem hirnschlag-ähnlichen Anfall kann vereinzelt das Leiden wohl ruckartig ausbrechen und vorwärts schreiten und dabei Lähmungen, Sprachstörung und auch Schwächung der geistigen Kräfte plötzlich hervorrufen. Bekanntlich ist auch bei Nietzsche die Paralyse ganz plötzlich, anfallsartig an einem Tag in Turin zum heftigen Ausbruch gelangt, obwohl in seinen Schriften der vorhergehenden Jahre schon manche bedenkliche Anhaltspunkte für das sich vorbereitende Leiden gefunden werden können.

Jedenfalls so verkehrt und aller psychiatrischen Erfahrung widersprechend ist es nicht geschildert, daß Professor Forel recht hätte, als er sagte, jeder Irrenwärter würde das Unrichtige der Gestalt Oswalds auf den ersten Blick erkennen. Meines Erachtens spielt bei den Einwänden der Irrenärzte gegen die Krankheitsschilderungen des Dichters auch ein Stück Standeshochmut und Geheimniskrämerei mit, die den Versuch eines Laien, sich über Psychosen zu äußern, ablehnen möchten.

Bemerkenswert ist, daß ein Pariser Arzt Oswald schon vorher auf seine trostlose Zukunft aufmerksam gemacht haben soll. War es dem Arzt gelungen, Paralyse einwandfrei festzustellen, so war damit auch die trübe Aussicht gegeben, ob nun eine anfallartige Verschlimmerung kam oder nicht. Aber dem Patienten so entschieden gerade einen neuen Ausbruch als verhängnisvoll hinzustellen, ist meines Erachtens grausam und nicht einmal korrekt, denn auch ohne solchen war allmählich Verschlimmerung zu erwarten, andererseits war aber selbst nach einem zweiten heftigeren Ausbruch immerhin noch eine vorübergehende Besserung wenigstens möglich.

Die Schlußworte „Mutter, gib mir die Sonne" haben neuerdings Ausleger dahin erläutert, daß hier ein Fall von paralytischer Paraphasie vorliege, indem Oswald habe sagen wollen: „Gib mir das Morphium", aber durch den Eindruck der aufgehenden Sonne zum Falschsprechen verleitet worden sei. Man könnte sich den Ausdruck an sich so zurechtlegen, doch glaube ich nicht, daß Ibsen an einen derartig komplizierten, nur dem Arzt zugänglichen Zusammenhang gedacht hat.

Zweifellos hat man wie bei jedem großen Dichter, besonders bei Goethe, so auch bei Ibsen schon versucht, mancherlei in seine Werke hineinzulegen, woran er selbst gar nicht gedacht hatte. So sollte schon der Name des Pastors Manders ein Symbol der Männlichkeit darstellen und die Eröffnungsszene des Puppenheims, wo Nora dem Dienstmann, der für das Christbaumtragen 50 Oere verlangt, eine Krone überreicht und den Überschuß als Trinkgeld gibt, deutete man dahin, das sei ein Symbol, daß Nora im Herzen eine Teilung zwischen Kapitalist und Arbeiter wünsche. Ibsen hat mit Hinblick auf solche übertriebenen Auslegerkunststücke einmal geäußert: „Es wird schon der eine oder andere Kommentator kommen, der mir erzählt, was ich eigentlich damit gemeint habe."

Bis zur Schlußszene darf Oswalds Leiden nur durch Verstimmung, Abspannung und Reizbarkeit leise angedeutet werden; keineswegs soll man ihm, wie bei Zacconis Darstellung, den Irrenhauskandidaten auf 100 Schritte ansehen. Der Anfall selbst läßt sich durch Erschlaffung und Lähmung der Züge und Glieder, eventuell auch halbseitige Gesichtslähmung, lallende Stimme und veränderten Tonfall ausdrücken.

Kurz berühren möchte ich noch die gelegentlich als Einwand vorgebrachte Auffassung, daß es doch ein Widerspruch sei, wenn von dem verseuchten Kammerherrn Alwing der kranke Oswald und die gesunde Regine abstammen. Vom medizinischen Standpunkt ist der Vorwurf unbegründet, vielmehr kann sehr wohl von einem an solcher Krankheit leidenden Vater das eine Kind die Ansteckungskeime mit auf die Welt bekommen haben, während ein später gezeugtes Kind gesund bleibt. Allenfalls wäre der sittliche Tiefstand Regines als ein Ausdruck der seelischen Minderwertigkeit infolge der Abstammung von einem infizierten Vater anzusehen, doch findet sich dafür, daß der Dichter einen solchen Zusammenhang im Auge hatte, kein ausreichender Anhaltspunkt.

Dr. Stockmann im „Volksfeind"

Ein gewisses psychopathologisches Interesse bietet der temperamentvolle Dr. Stockmann, als Held des Dramas „Volksfeind", bei dessen Schöpfung Ibsen an seine eigenen Kämpfe, vor allem an die Anfeindungen wegen der Gespenster gedacht hat. Bei näherem Eindringen in die Persönlichkeit des Dr. Stockmann verflüchtigen sich etwas die

Sympathien, die ihm auf den ersten Blick anhaften, was freilich jene Ansicht von Ibsens Motiven keineswegs umstößt, da ja der Dichter selber auch in einer Art Autopersiflage persönlich hinter der Maske des halb verkommenen Ulrik Brendel in „Rosmersholm" steckt Dr. Stockmann kämpft aus bester Absicht zum vermeintlichen Wohle der Gesamtheit. Durch Untersuchung eines berühmten Chemikers, statt dessen Ibsen heutzutage besser einen Bakteriologen beschwören würde, hat Dr. Stockmann ermittelt, daß die Heilwasserzufuhr der Kuranstalt infolge der Verunreinigung durch industrielle Anlagen Krankheitskeime enthält, wodurch den hilfesuchenden Patienten Gefahr droht. Seinem Bestreben, durch rückhaltlose Offenheit Remedur zu schaffen, tritt nun sein eigener Bruder, der Bürgermeister, entgegen, der auf diesem Wege den Ruin des Bades und große Verluste für die Stadt voraussieht. Es entwickelt nun daraus Dr. Stockmanns Kampf gegen die seiner Ansicht nach gleich der Kuranstalt verseuchte Ordnung der öffentlichen Angelegenheiten, gegen Behörden und Institutionen aller Art, schließlich gegen die ganze, verlogene menschliche Gesellschaft, bis zu jener endgültigen Erkenntnis, daß der stärkste Mann der ist, der ganz allein steht. Es ist im Grunde das Gebahren eines Weltfremden, eines großen Kindes, das mit dem Kopf durch die Wand will, denn wie der von allen Existenzmitteln entblößte Arzt zum Schluß seine Familie durchbringen will, das ist nicht hinreichend klar. Sein Plan, Kinder in seinem Sinne zu unterrichten, erscheint bei dem ungestümen, zur erzieherischen Tätigkeit ganz ungeeigneten Temperament des Draufgängers ziemlich aussichtslos. Schon zu Beginn des Stückes erfahren wir, daß er unbesonnen genug darauf los lebt, etwas über seine Verhältnisse hinaus, übertrieben gastfrei und wohl auch etwas, zu feuchtfröhlich. Mag er schon einen guten diagnostischen Blick in sozialer Hinsicht besitzen, als geschickten Therapeuten können wir ihn kaum bezeichnen, denn seine Absicht, durch öffentliche Anklage die Übelstände in der Wasserleitung zu beheben, ist fraglos unpraktisch; durch Beharrlichkeit und langsames Belehren der Interessenten wäre jenes Ziel immerhin noch besser zu erreichen gewesen. Durch die Art nun, wie er mit aggressivem Temperament darauf losstürmt und seine Beschwerden an den Mann bringt, wie er alle Rücksicht auf Weib und Kind vernachlässigt und seine entrüsteten Anklagen an die verschiedensten Adressen richtet, von persönlichen Auseinandersetzungen zu Preßpolemik und Broschüren und schließlich zu Volksversammlungen vorwärtsschreitet, wie ihm zuletzt überhaupt nichts mehr recht zu sein scheint, das alles erinnert an jene temperamentvollen streitbaren Charaktere, die man als Rechtsfanatiker oder Pseudoquerulanten oder auch vulgär als Krakehler bezeichnet. Diese sind nicht ohne weiteres zu verwechseln mit dem echten, vollentwickelten Querulantenwahnsinn, unter dessen Annahme ja Stockmann unzurechnungsfähig und somit zur Rolle dramatischen Helden ungeeignet wäre, vielmehr ist er so als ein leicht psychopathischer Charakter gerade besonders zur Mittelfigur eines Dramas geschaffen, an der sich die anderen Charaktere in mannigfachsten Weise spiegeln können.

Gregers Werle, Hjalmar Ekdal, Leutnant Ekdal, Hedwig, Molwig und Relling in der „Wildente"

Ganz besonderes Interesse verdient für uns heute die Wildente, dieses an Charakteren überreiche, inhaltlich so grausame Werk, das man die bedeutendste Tragikomödie der Weltliteratur nennen kann. Eine förmliche Psychopathenkonferenz treffen wir da im Hinterhaus, sozusagen ein Narrenkonzil.

Der reiche Großhändler Werle, der das Zuchthaus gestreift, aber geschickt alle Schuld noch rechtzeitig auf seinen Kompagnon abgeladen', der seine Frau gequält und betrogen, seinen Sohn kaltherzig von sich ferngehalten hat, muß von vornherein unsere Antipathie erwecken. Aber auch die Gruppe der Gegenspieler vermag keinerlei Sympathie zu gewinnen. Das Opfer des betrügerischen Großhändlers, der alte ehemalige Leutnant Ekdal, fristet mit seinem Sohn und dessen Familie ein kümmerliches Leben doch so, daß sie sich gerade noch sozial und seelisch über Wasser halten, einigermaßen beschwingt von ihren Illusionen. In ihren Kreis tritt des Großhändlers Sohn Gregers Werle mit seinen Weltbeglückungsideen, die erheben, reinigen und beseligen sollen, aber lediglich zu Zwist und Tod geleiten. Es ist ein weltfremder, verschrobener Mann von hypochondrischer Grundstimmung, der überall die ideale Forderung zur Geltung bringen möchte und nicht einsieht, wes Geistes Kind der von ihm angestaunte Jugendfreund ist, der Photograph Ekdal. Halb im Scherz und halb zutreffend nennt der befreundete Arzt Relling die Erscheinung des nach Idealen strebenden Prinzipienreiters Gregers einen Fall von „akutem Rechtlichkeitsfieber"; auch bei nervösen Kindern trifft man manchmal im Kontrast zur naiven Kinderlüge eine derart outrierte Rechtsgrübelei; so weigerte sich ein nervöser Junge zeitweilig, am Familientisch von Fleischwaren zu essen, weil diese seiner Meinung nach ohne Erlegung der vorschriftsmäßigen paar Pfennige städtischen Accisaufschlags übermittelt worden waren. Konstitutionelle Neurastheniker und Hypochonder zeigen oft einen gewissen Spürsinn und inneren Trieb, mißliebige Erörterungen geradezu zu provozieren, à la enfant terrible peinliche Themen zur Diskussion zu bringen und auch Personen, denen sie im Herzensgrunde wohlwollen, zu ärgern und zu verletzten. Es sind das vielfach Kräfte, die vielleicht das Gute wollen, aber doch das Böse schaffen, mit sich selbst am allerunzufriedensten sind und ihr eigenes Ich noch mehr quälen als ihre Umgebung. Wie Gregers zum Schluß als der ideelle Urheber des Selbstmordes der jugendlichen Hedwig Ekdal hingestellt wird, da äußert er sinnend: „Wenn das so ist, dann bin ich nur froh, daß ich nun einmal meine Bestimmung habe"; auf die Frage, was das mit seiner Bestimmung sei, erklärt Gregers, im Begriff zu gehen: „Der dreizehnte bei Tisch zu sein". Gleich darauf endet das Stück, ein etwas schwächlicher Abschluß, wenn man nicht hinter den Worten Gregers' die seiner düsteren Persönlichkeit entsprechende Absicht sucht, seinem verfehlten, überflüssigen, unheilwirkenden Dasein durch eigene Hand ein Ende zu machen.

Der alte Ekdal, einst ein flotter Offizier, ein waidgerechter Jäger und unternehmender Geschäftsmann, hat nach all den trüben Erlebnissen, Verläumdung durch den Kompagnon, ungerechter Verurteilung und Freiheitsstrafe, für seine grauen Tage einen Unterschlupf bei seinem Sohn und eine dürftige Stellung mit Schreibarbeit bei seinem früheren Kompagnon, dem verbrecherisch über ihn hinwegschreitenden alten Werle gefunden. Sowohl die zunehmenden Jahre, wie auch die trüben Erlebnisse und der Alkohol lassen ihn immer mehr versimpeln. Er hat sich für seine kindliche Phantasterei und Waldschwärmerei einen eigenartigen Tummelplatz zurechtgezimmert. Auf einem Dachboden hegt er in Kisten und Käfigen Kaninchen und Hühner und zeitweise veranstaltet er mit der Pistole bewaffnet dort zwischen abgelegten Weihnachtsbäumen förmliche Jagden. Seine glänzendere Vergangenheit zaubert er sich gelegentlich zurück, indem er wieder einmal in die alte Leutnantsuniform schlüpft. Über die Trostlosigkeit seines Daseins hilft ihm schließlich noch der reichliche Schnapsgenuß hinweg.

Im Mittelpunkt des Dramas steht sein Sohn, der Photograph Hjalmar Ekdal, eine Art Geistesverwandter oder vergröberte Auflage des Hilmar Tönnesen aus den Stützen der Gesellschaft. Er wurde verhätschelt erzogen von zwei hysterischen Tanten und ist zeitlebens ein Schwätzer und Nichtstuer, den auch das Unglück seiner Familie nicht zu rechter Kraftentfaltung angespornt hat. Vom Großhändler ließ er sich überreden, dessen frühere Geliebte Gina Hansen zu heiraten, die ihn durch die Zuschüsse ihres Liebhabers in die Lage versetzte, ein photographisches Geschäft zu gründen. Damit ist auch Hjalmars Tätigkeit erschöpft; seine Frau besorgt Haus- und Berufsarbeit, während er selbst herumlungert, angeblich um eine große Erfindung auf dem Gebiete seiner vermeintlichen photographischen Kunst machen, freilich ohne daß er sich nur dazu aufschwingt, die Anleitungsbücher hierüber aufzuschneiden. Er dudelt auf der Flöte herum, spielt mit einem unbrauchbaren Jagdgewehr, begleitet den Vater auf seinen kindischen Pürschgängen in der Dachkammer und deklamiert früh und spät abgedroschene Phrasen, eigener oder fremder Produktion, die ihm über die schlimmste Situation hinweghelfen. Jede psychische Erregung verflackert schleunigst wie Strohfeuer, Als er von der bedenklichen Vergangenheit seiner Frau erfährt, will er sich im ersten Aufbrausen ganz von ihr trennen, aber mühelos gelingt es, ihn alsbald zu einem Kneipgelage und darauf zur Versöhnung zu bringen. Ohne Initiative und Energie, ohne tiefgreifenden Affekt, phrasenhaft und doch unsicher und ungeschickt im Auftreten, dazu mit der aussichtslosen Erfinderidee, so hat ihn der Dichter in einer Deutlichkeit hingestellt, die an manche leichten Formen psychischer Entartung frappant erinnert. Die Fälle sind keineswegs selten, daß ein junger Bursche nach hoffnungsvoller Jugend allmählich versagt, keine Arbeitskraft und keine lebhaften Gemütsbewegungen mehr aufweist, verschroben und phrasenreich wird und für den Ernst des Lebens verloren ist. Einer meiner Patienten solcher Art, der aus der Anstalt entflohen war und sich ein paar Nächte im Tingeltangel herumgetrieben hatte, entschuldigte sich späterhin einfach mit der Phrase: „Das war ein Akt der Verzweiflung". Solche Patienten aus wohlhabenden Kreisen können noch unter dem Schutz der Familie leidlich repräsentieren, konversieren, eine gewisse Haltung bewahren, während Unbemittelte wegen ihrer Unfähigkeit, ihre Angelegenheiten zu besorgen, über kurz oder lang der öffentlichen Fürsorge anheimfallen. Bei Hjalmar vermochte es die emsige und trotz ihrer Vergangenheit und Unbildung im Kern tüchtige Gattin, das Schlimmste abzuwenden und ihn am Gängelband ohne Konflikt mit der Umgebung fortzuschleppen. Psychiatrisch betrachtet ist es eine heboide Form der jugendlichen Verblödung oder Dementia praecox, die in der Erfinderidee auch einen leicht paranoiden Zug enthält. Oftmals wird im Leben derartigen Leuten bitter Unrecht getan, wenn man sie lediglich für Faulpelze und Tagediebe ansieht und sich der Hoffnung hingibt, sie durch ernstere Lebenserfahrung aufzurütteln und zu bessern; mancher wurde früher von der uneinsichtigen Familie nach Übersee verschickt, freilich mit dem Resultat, daß er bald wieder zurückkehrte oder im Ausland völlig verkam; nicht wenige erwerben sich auch zunächst beim Gericht stattliche Straflisten oder sie pilgern als Landstreicher umher, ehe die ärztliche Fürsorge in der zutreffenden Weise eingreift.

Freilich kann eine solche ausgesprochen pathologische Figur, der man ja die Verantwortlichkeit für eine rechtswidrige Handlung in hohem Grade absprechen müßte, nicht als wirklicher Held eines Dramas gelten; in der Wildente steht aber auch nicht Hjalmar Ekdal im Mittelpunkt des Interesses, sondern seine vermeintliche Tochter, die 14jährige Hedwig, wennschon sie auch nicht gerade als die Heldin aufzufassen ist. Man kann sie als die ergreifendste Gestalt bezeichnen, die Ibsen überhaupt schuf, ja sie allein würde genügen, das dichterische Genie zu beweisen. Sie stellt den Typus des Übergangs vom kindlichen Halbbewußtsein zur reifenden Jungfrau dar; mit einer Feinheit und Anschaulichkeit ist dieser komplizierte Seelenzustand gezeichnet, daß ihr aus keinem anderen Werke der Literatur etwas ähnliches an die Seite zu stellen ist.

Mit dem Ernste des Kindes verfolgt sie die Spielereien des Vaters und Großvaters, mit der Sorgfalt des angehenden Hausmütterchens pflegt sie die Wildente, mit rührendem Eifer will sie die Eltern in Beruf und Haushalt unterstützen und mit einer noch unbewußten, objektlosen, langsam erst aufdämmernden sexuellen Regung hängt sie sich in heißer Verehrung an ihren Vater. Der überspannte Werle redet ihr zu, dem Vater zum Opfer ihr höchstes Gut, die Wildente, zu töten. Als sie nun vernimmt, wie der Phrasenheld Hjalmar sie verstoßen will als fremdes Kind und ihr jede Liebe abspricht, da richtet sie im stillen Kämmerlein die Pistole auf die eigene Brust. Ein Kinderselbstmord, wie ihn unsere Tage leider nicht allzu selten sehen, ohne ausreichendes normales Motiv, völlig nur erklärlich aus den Stimmungsschwankungen, die das Entwicklungsalter der Pubertät mit sich bringt, bald himmelhoch jauchzend, bald zum Tode betrübt, und aus der Lebensunerfahrenheit heraus, die sich vom Tode keinerlei ausreichende Vorstellung zu machen weiß.

Ich möchte hinzufügen, daß das Augenleiden Hedwigs, das sie von ihrem natürlichen Vater geerbt hat und an dem sie bald erblinden soll, rein medizinisch betrachtet ebensowenig einwandfrei ist, wie die Vererbungsverhältnisse bei Dr. Rank im Puppenheim.

Zu jenem Konsortium psychisch eigenartiger und abnormer Charaktere gesellen sich noch ein paar Episodenfiguren. Hierher gehört der Theologiekandidat Molwig, ein verbummelter Trinker, dem sein Hausgenosse, der Arzt Relling, einen ziemlich fragwürdigen Lebensinhalt zu verleihen sucht, indem er ihm zu der Einbildung, dämonisch zu sein, verhilft.

Ein merkwürdiger Charakter ist dieser Relling selbst. Derb bis zu kräftigen Schimpfworten, polternd und rücksichtslos auch in Anwesenheit von Damen, ein Bummler und Nachtschwärmer. Auf die Doktorpromotion hat er anscheinend verzichtet. Bei all seinen burschikosen Allüren steckt aber doch eine ausgezeichnete Beobachtungsgabe in ihm und daneben versteht er auch, darin weit klüger als sein Kollege Stockmann, der Volksfeind, die praktischen Möglichkeiten abzuwägen und die Menschen zu beeinflussen. Er erkennt rasch Hjalmar Ekdals Unheil darin, daß dieser seichte Blender und Unterdutzendmensch für ein großes Licht gehalten wurde. Er hat den unseligen Prinzipienreiter und Mießmacher Gregers Werle rasch durchschaut und bemüht sich, dessen verhängnisvollem Wühlen im Peinvollen entgegenzuarbeiten. Den aufgeblasenen, zum Schwachsinn neigenden Photographen Hjalmar hat er dazu veranlaßt, sich mit dem Problem einer Erfindung abzugeben, wofür sich bei diesem der geeignetste Boden vorfand. Ob Relling als großer Heilkünstler gedacht ist, läßt sich bezweifeln; seine recht reichliche freie Zeit läßt nicht auf rege Praxis schließen. Wohl brauchen wir es ihm nicht schwer anzurechnen, daß er von der veralteten Methode des Anlegens einer Fontanelle spricht; aber es sind zum guten Teil doch sozusagen Pferdekuren, die er mit seinen Bekannten anstellt, so jene wohlüberlegte nächtliche Kneiperei mit dem zur Ekstase gebrachten Hjalmar. Zum Ulk bietet er dem Theologiekandidaten im Katzenjammer ein Stück Speck an. Ein guter Menschenkenner soll er aber doch sein, ja der Dichter hat diesem Arzt sozusagen die Tendenzrolle in den Mund gelegt, wenn er die ideale Forderung mit den Lügen identifiziert und schließlich die bittere, resignierte Wahrheit ausspricht: „Nehmen sie einem Durchschnittsmenschen die Lebenslüge, so nehmen sie ihm gleichzeitig das Glück". Auch schlägt gewiß in ihm noch ein warmes, menschenfreundliches Herz. Die alte Liebe zur Frau Sörby läßt ihn noch erbeben; treulich sucht er den Zwist der Eltern Hjalmar und Gina von dem Kind Hedwig fernzuhalten, umsichtig mahnt er das Photographenehepaar, auf die im Pubertätsalter befindliche und darum zu unüberlegten Handlungen fähige Tochter sorgsam zu achten. Dabei ist er der einzige, der in der packenden Schlußszene nach dem Selbstmord des Kindes den Kopf oben behält und auch die treffende, freilich nur schmerzlichen Trost enthaltende Perspektive findet, daß für den traurigen Helden Hjalmar das tote Kind binnen kurzem nur noch ein Deklamationsthema sein werde.

Ellida in der „Frau vom Meer"

Gewiß liegt es nahe, bei der Erörterung psychischer differenter Erscheinungen im Werke Ibsens auch an die Frau vom Meere zu denken. Aber die eigenartige Persönlichkeit der Ellida war hier gewiß nicht der Ausgangspunkt des dichterischen Schaffens. Vielmehr stand, wie sich auch aus den nachgelassenen Schriften zweifellos ergibt, bei diesem Werk im Vordergrund des Schaffens die offenbar selbst erlebte Empfindung des geheimnisvollen, gewaltigen, anziehenden Einflusses des Meeres auf den Menschen. Der Dichter hat darüber selbst entsprechende Aufzeichnungen gemacht:

„Ist der Entwicklungsgang des Menschen verfehlt? Warum mußten wir der trockenen Erde angehören? Warum nicht der Luft? Warum nicht dem Meer? Die Sehnsucht, Schwingen zu haben, die seltsamen Träume, daß man fliegen könne, und daß man fliege, ohne sich darüber zu wundern. — Wie läßt sich alles dies deuten? —

„Des Meeres sollen wir uns bemächtigen. Uns schwimmende Städte auf dem Meer anlegen. Sie südwärts lenken oder nordwärts, je nach der Jahreszeit. Stürme und Wetter meistern lernen. So etwas Glückseliges wird kommen. Und wir, — die nicht dabei sein werden! Es nicht „erleben" werden! —

„Des Meeres anziehende Macht. Die Sehnsucht nach dem Meer. Menschen, dem Meere verwandt Meergebunden. Abhängig vom Meer. Müssen dahin zurück. Eine Fischart bildet ein Urglied in der Entwicklungsreihe. Sitzen Rudimente davon noch in des Menschen Innern? In einzelner Menschen Innern? —

„Die Bilder des rastlos sich regenden Lebens im Meer und dessen, was „ewig verloren ist".

„Das Meer verfügt über eine Macht der Stimmungen, die wie ein Wille wirkt. Das Meer kann hypnotisieren. Die Natur überhaupt kann es. Das große Geheimnis ist die Abhängigkeit des Menschenwillens von „dem Willenlosen". —

Diese zwingende, hypnotisierende Kraft des Meeres ist zweifellos die Grundidee des Werkes, die allmählich Fleisch und Blut gewann, indem der Dichter sie in ihrer Wirksamkeit bei den Gestalten seines Dramas schilderte. Ibsen selbst hat sicherlich die Meeressehnsucht packend genug empfunden; in Molde und Säby und anderwärts war sein regelmäßiger Gang auf das Meer zu. Gerade dem Norweger ist das Verlangen besonders tief eingeboren. Wer das Land mit seinen so wundervoll zerklüfteten Küsten, mit seiner innigen Verschränkung zwischen Meeresarmen und Landzungen kennen lernt, der wird bald einen

Hauch dieser Beziehungen zwischen Mensch und Meer nachempfinden können. Es ist die Meeresfreude des Norwegers vielleicht das treffendste Beispiel der Abhängigkeit des Menschen von der umgebenden Natur. Uraltes menschliches Sehnen und Verlangen ist darin lebendig, wie es schließlich schon bei den alten klassischen Völkern gekeimt und gewirkt hat. Denken wir nur an den jauchzenden Ruf der 10000 Griechen, die nach jahrelanger Wanderung in Asien endlich die Flut des schwarzen Meeres aufleuchten sahen und ihm ihr Thalassa zuriefen.

Freilich steckt in dem Stück auch manches Erlesene, so die Idee, als ob noch rudimentäre Organe im menschlichen Organismus die Erinnerung an eine vergangene Entwicklungsstufe der Wirbeltiere mit dauerndem Leben im Meer wachhielten. Die erwähnten Worte Ibsens klingen wie eine Anspielung auf den Amphioxus lanceolatus, den Lanzettfisch, jenes niederste Glied der Wirbeltierreihe, das sich der Andeutung einer Wirbelsäule erfreut, wie sie auf einer niederen Entwicklungsstufe des menschlichen Embryos auch schon zu finden ist.

Aber auch überlieferte Züge sind wohl in das Stück hineingeheimnist worden. So hatte Ibsen in Molde erzählen hören von einem Kwänen, der durch die magische Gewalt seiner Augen eine norwegische Pfarrersfrau zwang, ihren Mann und ihr Haus zu verlassen.

Um solchen Ideen wirkliche Gestalt zu geben, da ist es schon geraten, das rein Mystische, dessen Übermaß leicht Widerwillen wecken würde, lieber etwas im Sinne des Pathologischen abzutönen. Im Entwurf schon schrieb Ibsen: „Erstlich sind das die Bewohner des Ortes und unter ihnen absonderliche Gestalten." Weiter heißt es über die Sehnsucht der Leute im Schatten der Berge dort: „Daher die Schwermut wie ein gedämpft klagender Gesang über dem ganzen Menschendasein und dem Tun der Menschen." Aus dem Rechtsanwalt, der im Entwurf, erst der Gatte Ellidas sein sollte, wurde ungezwungen und recht bezeichnend ein Arzt.

Die Frau vom Meere ist das Kind einer schwermütigen Mutter; ihr Organismus erscheint durch Schwangerschaft und Nervenleiden geschwächt. Die allgemeine und auch verständliche Sehnsucht nach ihrem heimischen Milieu der Meeresfreiheit, dem Leuchtturm des Vaters, dem Reich der Mitternachtssonne, verdichtet sich zu der Zwangsvorstellung von jener mystischen Meeresehe mit dem fremden Mann. Diesen selbst zu analysieren möchte ich unterlassen, denn bei ihm handelt es sich im wesentlichen mehr um eine Allegorisierung des Meeres als um einen individuellen Charakter. Lediglich der Einfluß, der von ihm als dem Vertreter des Meeres auf Ellida ausgeht, fesselt unser Interesse. Jener Einfluß hat entschieden den Charakter einer hypnotischen Suggestion; auch das Moment des die Aufmerksamkeit einschränkenden, faszinierenden Blickes gehört hierzu.

Diewiel die Frau in dem kleinen Kurplatz an ihrer Meeressehnsucht seelisch dahinsiecht, steht ihr Mann, der Distriktsarzt, mit seinen beiden Töchtern erster Ehe in regem Verkehr mit dem Publikum, er befaßt sich mit den Badegästen, ist selbst gastfrei, trinkt auch ab und zu seinen Kognak und besucht, gelegentlich das Wirtshaus, wie denn überhaupt die Personen Ibsens trotz seiner Vererbungstheorie noch nicht die degenerative Bedeutung des Alkohols zu würdigen wissen. Man könnte wohl sagen, es war unklug von einem Arzt wie Wangel, eine Frau zu heiraten, deren Mutter im Wahnsinn starb, indeß zeigt das praktische Leben alle Tage, daß unter Vernachlässigung jeglicher Theorie gerade die Gattenwahl nach allen möglichen anderen Gesichtspunkten eher vollzogen wird als nach dem der Hygiene und Auslese des vollwertigen menschlichen Individuums. Die Behaglichkeit des ärztlichen Heims leidet durch den Riß im ehelichen Leben, durch den Mangel an gegenseitigem Verständnis. Beim Versuch, das Vertrauen der Frau zu gewinnen, offenbart sich dem Doktor, wie viel zwischen beiden liegt. Ellida beichtet ihm, daß sie sich für verlobt ansieht mit einem fremden Seemann, dem Mörder eines Kapitäns, dessen Leiche einst Dr. Wangel seziert hatte. „Du bist kränker, als ich glaubte", sagt Dr. Wangel. Wir stimmen ihm gern bei, wenn er trocken meint, seine Frau bilde sich das nur ein, daß ihr Kind die Augen des fremden Seemannes gehabt habe. An manche Kunstgriffe der Hypnotiseure erinnert es, daß sich die Frau vom Meere angestarrt glaubt wie von einem toten Fischauge, dem die Busennadel des Fremden glich.

Nun tritt der Mann vom Meere dazu und will die ihm so mystisch angetraute Ellida holen. Sie schwankt und fühlt sich durch die dem Meere geopferten Ringe an ihn gebunden, während Dr. Wangel ihn kalt hinausweist und für verrückt erklärt. In der dritten Unterredung mit der Gattin äußert sich der Arzt schonend und liebreich, nachdem er bereits davon gesprochen, den Fremden wegen des Mordes anzuzeigen. Er sucht seinen verwirrenden Schmerz zu beherrschen und bittet die Frau, doch erst ein wenig nachzudenken: „Laß uns versuchen, mit Überlegung durch diesen Tag zu kommen". Damit ist er bereits auf dem rechten Wege. In der fünften und letzten Unterredung mit der Frau versucht er zunächst, als ihr Gatte und Gebieter aufzutreten und für sie zu handeln. Er will ihr damit sozusagen seine Auffassung suggerieren und sie auf dem Weg der Überrumpelung beeinflussen. Aber in Gegenwart des fremden Mannes fühlt er wieder, daß sein eigener Einfluß schwindet. Da versucht er ein letztes, ein besonders gewagtes Mittel: Er gibt Ellida die Freiheit zu wählen zwischen dem Ehegatten und dem fremden Seemann. Dadurch erzielt er die Anspannung und Kräftigung ihres Willens, worauf sie sich zum Verzicht auf den Fremden entschließt „Du bist ein guter Arzt für mich gewesen", erkennt Ellida, „du fandest das rechte Mittel und hast gewagt, es zu gebrauchen". Wir müssen ihr Recht geben.

Es ist tatsächlich ein Weg, manche seelischen Beklemmungen zu heilen, der von geschickten Nervenärzten seit alters her begangen wird. Zunächst das Ausredenlassen, das Versenken in die kritischen, halbvergessenen Erlebnisse und das Klären durch Nachdenken. Daraufhin, sobald etwaige Suggestion und Willensbeeinflussung, auch Überrumpelung nicht zum Ziele führen, erfolgt die Willenskräftigung, die hier durch die Freigabe der Entschließung herbeigeführt wird. Es entspricht dieses Vorgehen einer Methode, die neuerdings als Psychoanalyse nach Professor Freud viel gepriesen wird und sich bemüht, drückende seelische Verstimmung zu lösen durch Enthüllung der quälenden Gedanken, die vielfach ins Unterbewußtsein geschwunden waren, und ihre Zurückführung auf einen Ausgangspunkt, auf einen psychischen Unfall aus gewöhnlich längst vergessenen, jugendlichen Tagen, der oftmals der sexuellen Sphäre angehören soll. Nicht unberechtigt wurde dieser Lehre des Professor Freud durch ihre Kritiker wie Professor Hoche vorgehalten, daß das Neue daran nicht gut und das Gute nicht neu sei. Das Letztere können wir gewiß unterschreiben, indem wir sehen, wie vor mehr als 20 Jahren schon Ibsens schlichter Distriktsarzt Dr. Wangel an seiner Gattin Ellida diese Methode des Abreagierens mit Geschick und Erfolg angewandt hat.

Zweifellos geht aus der Zeichnung Ellidas wie aus Ibsens Entwurfsnotizen hervor, daß die Frau vom Meere einen eigenartigen und in gewissem Sinne abnormen Charakter darstellt: Erblich belastet, suggestibel, in entlegenen Vorstellungen und Stimmungen schwebend, zuletzt aber doch eines kräftigen Entschlusses fähig. Wohl kann sich dieser neuropathische Grundzug mit seinen hysterischen und auch neurasthenischen Nuancen durch ein versonnenes, innerliches Wesen in der Darstellung ausdrücken, nur sollte man sich hüten, aus Ellida eine Art Visionärin oder Somnambule zu machen, die mit weltabgewandten Blicken und verklärtem Lächeln zwischen den Alltagsmenschen einherwandelt und wie geistesabwesend in seltsamer Modulation und nahezu singender Sprache redet. Dann könnte sie eher als eine schwerer geistig erkrankte Person gelten und der Arzt würde sich wohl nicht allzulange mit Überreden und Überzeugen bei ihr aufhalten, sondern sein Rat müßte lauten: Möglichst rasch mit dieser psychisch kranken Frau in ein passendes Sanatorium!

Hedda Gabler

Einige Worte seien noch Hedda Gabler gewidmet. Ohne Mutter wurde sie erzogen, die Tochter eines Generals; sie liebte Sport, wurde gewiß enorm hofiert, schließlich verwaist und schon bald 30jährig hat sie sich, der äußeren Not zu entkommen, entschlossen, eine Kaufehe einzugehen und Gattin des leidlich situierten Tesman zu werden. Er ist ein unbedeutender, pedantischer, wenig taktvoll erzogener Mann, sie der Typus einer unverstandenen Frau, die wohl einst ein tatenreiches, großzügiges Leben erträumt hat und sich jetzt voll Ekel verurteilt sieht zu einem Dasein in bedrückter Enge mit einem ungeliebten Manne. Bei ihrem Flirt mit dem Assessor Brach und dem genialen Lövborg hält sie sich aus einer Art von Trägheit noch in Grenzen. Sie weiß die Verzweiflung Lövborgs auszunutzen, indem sie ihm die Pistole in die Hand drückt mit der Suggestion zum Selbstmord. Das hinterlassene, ideenreiche Werk des verstorbenen Geliebten wirft sie mit grausamer Wollust ins Feuer.

Es sind gewisse hysterische Züge im Bilde Hedda Galers, die grenzenlose Selbstsucht und Gefallsucht, die kapriziöse Launenhaftigkeit, der Mangel an echter Herzensneigung, die Flatterhaftigkeit, eine Art Ränkesucht. Offenkundig besteht ein Grad von Verwandtschaft zwischen Hedda Gabler und Lady Macbeth, nur daß bei dieser alles dem heroischen Zeitalter entsprechend ins Großzügige geht: sie veranlaßt den Königsmord und scheut sich nicht, die Diener des Herrschers betrunken zu machen und hinterher eigenhändig mit Blut zu beschmieren, um den Verdacht auf sie zu lenken; mit dämonischer Kaltherzigkeit sagt die Lady gleich nach dem Königsmord: „Wer hätte gedacht, daß der alte Mann noch soviel Blut in seinen Adern hätte". Bei Hedda Gabler ist alles in die Enge gepreßt, sie erschöpft sich in moquanten Bemerkungen gegen ihren gutmütig plumpen Mann, sie schikaniert dessen opferfreudige Tante Julia, hält sich über deren dienstbotenhaften Hut auf und kommt, dem Milieu entsprechend, zu dem traurigen Resultat: „Ach das Lächerliche und Gemeine, es legt sich wie ein Fluch auf alles, was ich nur anrühre". Gegenüber der al fresco geschilderten Schottenkönigin Shakespeares ist die Generalstochter Ibsens die hysterische Kanaille und bête humaine en miniature.

Doch damit ist Heddas Zustand noch nicht schöpfend erklärt, vielmehr ist noch als komplizierender Faktor zu berücksichtigen, daß sie zur Zeit des Stückes schon im siebenten Monat guter Hoffnung war. Ja, Ibsen hat einmal trocken und seine wahre Meinung augenscheinlich bemäntelnd auf die Frage nach dem Sinn des Stückes erklärt, er habe nur zeigen wollen, wie sich eine Frau in jenem interessanten Zustand verhält. Am ehesten läßt es sich aus diesem Zustand mit seinen Stimmungsschwankungen, gleichzeitig aber auch in Verbindung mit dem aussichtslosen Milieu erklären, daß sich Hedda Gabler zum Schluß selbst den Tod gibt.

Als wichtigster Gegenspieler tritt Eilert Lövborg auf, ein verbummeltes Genie, der wohl noch stoßweise, unter günstiger Veranlassung einer bedeutenden Geistestat fähig ist, aber als eine Art Quartalssäufer bei geringfügigen Anlässen wieder rückfällig wird und unter Alkohol und anderen Erscheinungen rasch soweit herunterkommt, daß er willenlos der Aufforderung folgt, nach einer Orgie seinem verfehlten Dasein durch einen Pistolenschuß ein Ende zu machen.

Irene in „Wenn die Toten erwachten"

In Ibsens Altersdramen Baumeister Sollneß, Klein Eyolf, auch John Gabriel Borckmann und Wenn wir Toten erwachen wird die Charakterschilderung in vielfacher Hinsicht von dem Symbolischen überwuchert. Auch Ibsens hervorragender Interpret Roman Wörner gibt das zu. Schließlich hat sich der Dichter im Klein Eyolf selbst dahin geäußert: „Wir sind alle lebende Symbole". Es erscheint darum wenig angebracht, alle die Momente noch zu erörtern, bei denen eine psychopathologische Betrachtungsweise möglich wäre. Ich übergehe daher die Frage hypnotischer Beeinflussung im Baumeister Sollneß, die eigenartige, den Typus einer leicht Schwachsinnigen vertretende Rattenmamsell in Klein Eyolf usw.

Nur einige Worte möchte ich noch dem Schlußwerk widmen, dem Epilog: „Wenn wir Toten erwachen". Der Bildhauer Rubek hat sein Lebenswerk geschaffen mittels der Inspiration durch Irene, sein aufopferndes Modell. Das Werk gelang und es ward gewissermaßen zum Kind der beiden. Aber anstatt sich mit der Mutter dieses Kindes zu vereinigen, ließ Rubek Irene des Weges ziehen, die Episode erschien ihm beendet. Dies rächte sich furchtbar an ihm selbst, seine Schaffensfreude war fortan geschwächt und seine spätere Ehe mit Maja ward kein seelischer Bund. Irene zog durchs wilde Leben, fristete ihre Existenz als Chanteuse und mußte schließlich ins Irrenhaus gebracht werden. Einigermaßen erholt wurde sie entlassen und als Rekonvaleszentin, von einer Diakonissin auf Schritt und Tritt begleitet, trifft sie den Bildhauer Rubek wieder. Er will nunmehr von der Lüge zur Wahrheit übergehen, beide suchen neuerdings ein Bündnis zu schließen, auf dem Wege zu den Gipfeln des Hochgebirges, als eine abstürzende Lawine sie tötet.

Auch über die Gestalt der Irene haben sich Irrenärzte lustig gemacht. Der Dichter hat vielleicht nicht ein getreues Abbild nach der Natur geben wollen. Immerhin, so wie sie nach seiner Schilderung auftritt, mit erstarrten Zügen, die Lider gesenkt, die Augen scheinbar ohne Sehkraft, unbeweglich in der Haltung, mit steif abgemessenem Schritt und klang-loser Stimme, so kann sehr wohl eine an Katatonie leidende Kranke erscheinen. Auch in der Rekonvaleszenz, wenn schon die Seele wieder erwacht und eine Verständigung möglich ist, kann doch noch die gebundene Körperhaltung einige Zeit andauern. Freilich wird eine derartige Krankheit nicht durch psychische Erschütterung und Verzweiflung erworben, aber an der ganzen Verwicklung wäre auch nichts geändert worden, wenn der Dichter auf die Krankheit überhaupt verzichtet hätte. Er wollte damit lediglich eine extreme Steigerung des Seelenleidens bei Irene auf Grund ihrer Trennung von Rubek ausdrücken. –

Wenn auch diese Revue über Ibsens eigenartige, abnorme, psychopathische Charaktere nicht den Anspruch auf Vollständigkeit machen will, so ist sie doch ausführlich genug, um ersehen zu lassen, daß der Dichter unter seinen Gestalten eine überaus stattliche Reihe auffallender Erscheinungen auftreten läßt, vom schwer Irrsinnigen bis zu leicht absonderlichen Menschen.

Bei ihrer gesamten Beurteilung muß die ästhetische von der medizinischen Betrachtungsweise abgesondert werden. Ja, der Literarästhetiker könnte sehr wohl sagen, auf die medizinische Naturtreue komme es überhaupt ganz und gar nicht an. Aber dem ist entgegenzuhalten, daß wenigstens die modernen, naturalistischen Dichter selbst den ausdrücklichen Anspruch darauf erhoben haben, daß ihre Zeichnungen streng nach der Natur entworfen seien. Daraufhin müssen sie sich wenigstens eine Prüfung gefallen lassen, die der Sachverständige der Psychopathologie an den als absichtlich psychopathisch hingestellten Personen vornimmt.

Bei Ibsen ist zu gestehen, daß seine Schilderung der dauernd oder vorübergehend psychopathischen, leicht abnormen Zustände wie bei Peer Gynt, bei Hjalmar Ekdal, bei Hedwig usw. geradezu vorzüglich gelungen ist.

Seine Darstellung der eigentlich Geisteskranken wie Oswald, Irene usw. ist psychiatrisch nicht einwandfrei, jedoch keineswegs so schlimm, wie manche Kritiker behauptet haben.

Aber hier muß man Zugeständnisse machen: Es kommt nicht auf eine derart absolute Naturtreue an, daß bei sorgfältiger Nachprüfung alter Einzelheiten keine kritischen Bedenken auf sachverständiger Seite entstehen könnten. Die Hauptsache ist immer, wie das Werk in seinem Lebenselement, bei der Aufführung selbst wirkt. Auf der Bühne gibt die Gesamtwirkung den Ausschlag, während keineswegs jeder einzelne Zug direkt eine sklavische Kopie der Wirklichkeit zu sein braucht, auch nicht im naturalistischen Drama.

Im Roman würde beim ruhigen, nachdenklichen Lesen manches störender wirken; so ist es schon bedenklich, wenn ein Meister des Naturalismus wie Zola unmögliche medizinische Entdeckungen wie das Verjüngungsserum des Doktor Pascal vorbringt oder den trunksüchtigen Onkel Macquard an einer geradezu abenteuerlichen Todesart sterben läßt, indem der Säufer seinen alkoholgetränkten Körper an dem glimmenden Pfeifentabak entzündet und daraufhin sich selbst verbrennt und in Asche auflöst. Derartige Naturwidrigkeiten würden in einem rasch vor uns vorüberziehenden Drama weniger störend wirken.

Selbst manche von jedem Theaterbesucher kontrollierbare Einzelheit könnte trotz Ibsens Bestreben, naturtreu zu erscheinen, einer pedantischen Nachprüfung nicht standhalten. Wer z. B. die Zeitrechnung in der Wildente genau nachrechnen will, kann konstatieren, daß dort Frau Gina Ekdal den Auftrag, ein Frühstück mit Heringssalat zu bereiten, trotz ihrer bescheidenen Haushaltseinrichtungen in 15 Minuten erledigt, was eigentlich der gewandtesten Hausfrau ohne besondere Vorbereitungen nicht möglich ist. Noch merkwürdiger ist es im Puppenheim, wenn am 24. Dezember zwischen den Eheleuten noch verhandelt wird über das Kostüm, das Nora beim Ball am 26. Dezember tragen soll; ihr Mann will darüber nachdenken, aber erst am folgenden Tage wird das alte Fischerinkostüm aus Capri hervorgestöbert. Die ganze lange Beratung am Tage vorher, welches Kostüm zu wählen sei, war also eigentlich zwecklos, denn irgend ein anderes als das bereits vorhandene Kostüm hätte, in der Kleinstadt während der beiden Feiertage doch unmöglich noch hergestellt werden können. Geradezu psychologisch fragwürdig kann es auch erscheinen, wenn ein so vorsichtiger Jurist wie Helmer das wichtige Dokument mit der gefälschten Unterschrift sofort beim Empfang nach dem ersten Blick darauf einfach vernichtet, statt erst einmal eine sorgfältigere Prüfung des Sachverhalts vorzunehmen.

Über derartige Ungenauigkeiten wird man ruhig hinwegsehen können, da sie bei der Aufführung tatsächlich nicht stören. Ganz ähnlich verhält es sich ja mit den Anachronismen, mit dem Einführen von Eigentümlichkeiten in ein Drama, die zur Zeit des Stückes noch gar nicht oder nicht mehr existiert haben. Leichter als in dem modernen Drama mit seinem uns allen geläufigen Milieu werden Anachronismen zu dulden sein im historischen Drama. Wenn im zweiten Akt von Shakespeares Julius Caesar die Turmuhr schlägt, obwohl es im alten Rom noch keine solchen Uhren gab, so wird uns das doch nicht stören, da die Zuschauer in ihrer Mehrheit über jenen zeitlichen Verstoß doch nicht hinreichend genau orientiert sind. Etwas komischer wirkt es schon, wenn im Wintermärchen von der Meeresküste Böhmens gesprochen wird, während dieser Irrtum zur Zeit des Dichters wahrscheinlich den Zuhörern gar nicht auffiel. Würde heute ein Poet den trojanischen Krieg oder die Kreuzzüge mit Kanonenschüssen ausstatten, so hätte er seine Ablehnung mit Recht verdient, während es dem Gros des Publikums z. B. ungeläufig ist, daß bei der Eroberung Konstantinopels 1453 bereits die Kanone mitwirkte.

Auch in der bildenden Kunst ist die Verwendung von Unmöglichkeiten abhängig von der Auffassungsgabe des Publikums. So hat vor Jahren Friedrich Naumann darauf hingewiesen, daß eigentlich die mannigfachen Engelsfiguren in der Malerei sinnwidrig seien, da ein Wesen mit derartigen Flügeln doch naturwissenschaftlich auf keinen Fall flugfähig sei. Dieser Einwand fand wenig Beifall, aber wenn in unseren Tagen sich die Vorstellung des fliegenden Menschen auf dem Aeroplan mit seinen Dutzenden von Quadratmetern Tragfläche immer mehr einbürgert, werden wir es allmählich schon als störend empfinden, daß Böcklins und Thomas wohlgenährte Engelskinder mit ihren zierlichen Libellenflügeln ganz unmögliche Flugkunststücke zeigen.

Vorläufig ist unser Publikum zum Glück noch nicht derartig psychiatrisch gebildet, daß es als Zuschauer eines Ibsenschen Dramas die Verzeichnungen als störend empfinden würde, wenn auch der Ehrgeiz des Dichters, wirklich nur absolut naturgetreue Bilder zu liefern, sein Ziel nicht erreicht hat. Freilich derartige willkürliche Konstruktionen wie in Goethes Lila würden auf viele Gebildete störend wirken.

Etwas anders dagegen steht es mit den der allgemeinen Psychiatrie entliehenen Theorien, die vielfach vom Dichter im Sinne einer Lehre seines Werkes herangezogen wurden, vor allem mit den Fragen der Ursachen geistiger Erkrankung.

Wohl hat Ibsen, vielleicht von seiner Irene abgesehen, nicht mehr der alten Lehre gehuldigt, daß die Geistesstörungen durch überwuchernde Leidenschaften hervorgerufen würden. Für den Dichter, dem es ja auf die Schilderung psychischer Wirkungen, auf Leidenschaftsmalerei oftmals ankommen mußte, war jene frühere Ansicht eine bequeme Veranlassung zu effektvollen Szenen, wie Lear, Ophelia, Gretchen usw. zeigen.

Die heutige Forschung steht nun auf einem anderen Standpunkt Nur in seltenen Fällen wird noch den seelischen Ursachen, etwa Schreck oder Überraschung oder Freude, eine gewisse Bedeutung für die Entstehung geistiger Krankheiten beigemessen; in der Regel kommen solche Umstände nur als Auslösung und Veranlassung zum Ausbruch einer schon in dem betreffenden Menschen drin steckenden Anlage in Betracht. Heutzutage steht man auf dem wissenschaftlichen Standpunkt, daß Geisteskrankheiten vorwiegend verursacht werden durch angeborene Mängel in der Hirnanlage, durch äußere Gifte, wie den Alkohol, durch Bakteriengifte und Stoffwechselstörungen.

Ein treffliches Beispiel ließ sich vor kurzem in Hamburg feststellen: Von den bedauernswerten Gasarbeitern, die die Explosion auf dem Grasbrook überlebt hatten und in das Krankenhaus geschafft worden waren, zeigten nicht wenige an den nächsten Tagen Zeichen geistiger Verwirrtheit. Zunächst würde der Laie glauben, der Schreck und das Entsetzen haben ihnen den Verstand geraubt. Bei eingehender Prüfung war aber zu erkennen, daß sie im Moment der Gefahr noch ganz zweckmäßig gehandelt hatten, das Gesicht schützten, die Flucht ergriffen oder sich auf den Boden warfen. Auch wußten sie sich in den nächsten Stunden sowie später, in der Rekonvaleszenz, noch aller Einzelheiten während der Explosion zu erinnern. Nur an den Tagen nach dem Unfall selbst waren sie zeitweise geistig verwirrt, offenbar auf Grund einer Selbstvergiftung infolge der in den Stoffwechsel aufgenommenen Zerfallsprodukte der verbrannten Hautteile.

Mit derartigen Vorstellungen läßt sich nun in der Dichtung schwieriger etwas anfangen. Immerhin hat Ibsen als Anhänger der Vererbungslehre wenigstens die eine Ursache der geistigen Abnormität, die angeborene Anlage auf Grund der Vererbung, mehrfach verwertet, in den meisten Fällen ganz zutreffend, so bei Nora, Peer Gynt, Hjalmar usw., in anderen Fällen wieder etwas unwahrscheinlicher, wie bei Oswald und Rank.

Wie steht es nun mit der poetischen Wirkung? Wenn jemand von Kindesbeinen auf zur Abnormität veranlagt ist, gibt es da für ihn noch Schuld und Sühne? Handelt es sich da denn nicht vielmehr in erster Linie um ein unabwendbares Schicksal? In der Tat ist dem so. Ein Stück Schicksalstragödie steckt wohl darin, wenn auch nicht in dem äußerlichen Sinne wie etwa bei Müllner oder in Grillparzers Ahnfrau, wo ein mystisches Schicksal den Zufall eingreifen läßt, sondern bei Ibsen handelt es sich doch vielmehr um die in der menschlichen Seele geoffenbarte Macht des Schicksals. Die auffallenden und tragischen Charaktere sind ja auch bei den anderen großen Dramatikern schon präformiert. Wenn Richard III. in seinem Auftrittsmonolog sagt, er sei gewillt, ein Bösewicht zu werden, so wissen wir doch aus den vorhergehenden historischen Dramen Shakespeares, aus den letzten Teilen von König Heinrich VI. schon, daß Richard von Jugend auf bereits ein Bösewicht war, mannigfache Verbrechen beging und daß die Schicksalswendungen lediglich den Charakter seiner ursprünglichen Veranlagung entsprechend zur Fortentwicklung brachten.

Ibsen vertrat die Idee, daß das Schicksal die großen Wandlungen der Menschheit vorausbestimmt habe und daß ein höheres Ziel vorgezeichnet sei, dem die Menschheit zustrebe, jenem dritten Reich, wie es in „Kaiser und Galiläer" heißt. Daß aber Ibsen doch trotz dieser Vorbestimmung dem Einzelnen noch eine gewisse Willensfreiheit zugestanden hat, war nicht streng logisch. Aber hierin zeigt die gesamte Dramatik, ja das ganze praktische Leben, einen Widerspruch gegenüber dem wissenschaftlich Anerkannten. Vom Standpunkt des psychologischen Forschers ist jede Willensäußerung bestimmt, gebunden an gewisse Vorgänge der Hirnrinde, somit ursächlich schon vorausbedingt, so gut wie das Fallen eines Steines oder das Wachsen eines Baumes. Mit dieser Tatsache wird sich schließlich auch die Strafrechtspflege abfinden, die bisher den Geisteskranken als unzurechnungsfähig und willensunfrei für schuldlos und straflos erklärt, während sie bei dem Normalen noch von freier Willensbestimmung spricht. Aber selbst der neue Vorentwurf eines deutschen Strafgesetzbuches drückt sich in seiner Begründung dahin aus, daß er auf jede wissenschaftliche Erörterung, ob der menschliche Wille an sich frei oder unfrei sei, gar nicht eingehen wolle, sondern nur eine praktische Willensfreiheit annehme, insofern es sich beim Geistesgesunden um eine regelgemäße Bestimmbarkeit durch Vorstellungen handle.

Auch die Dramatik wird sich damit versöhnen müssen, daß der Wille des Menschen wohl gebunden ist, aber der normale Mensch sich doch im praktischen Fall als Täter seiner Taten fühlt. Nur der schwer Geisteskranke, bei dem an Stelle der Individualität der Typus seiner Krankheit tritt, kann nicht als treibende Kraft im Drama verwertet werden, weil er sich an Eindrücken nicht mehr recht zu spiegeln vermag, sondern das Krankhafte ihn völlig beherrscht. Sehr wohl aber sind alle die leicht Abnormen geeignet zu dramatischen Gestalten, ein Peer Gynt, ein Hjalmar Ekdal, ein Dr. Stockmann usw., kurzum alle, die vom Dutzend- und Alltagsmenschen abweichen. Gerade an ihnen kann ein Dichter, der, wie Ibsen, gleichzeitig erzieherisch auf die Menschheit einwirken will und sie auf eine höhere, freiere, selbständigere Stufe heben möchte, am ehesten nachweisen, wie kraß sich die Mißverhältnisse des sozialen Lebens gestalten und wie leicht auf solchem Boden Unzufriedenheit, Kritik und der Wunsch nach Besserem, nach einem dritten Reich erwächst Jene leicht defekten, abnormen, problematischen Naturen Ibsens sind darum besonders geeignete Wegweiser im Vorwärtsschreiten zu einer höheren Menschheitsstufe, auf der die Wahrheit herrschen und das Recht der Individualität für Mann und Weib gelten soll. Diese menschheits-erziehende Tendenz hat der Dichter einmal in den einzigen Versen ausgedrückt, die er in deutscher Sprache niederschrieb:

„Leben: Ein Krieg mit den Wichten
in unserem Herzen und Hirn.
Dichten: Sich selber richten
mit unbefangener Stirn."

Gerhard Hauptmann

Schließlich möchte ich mich noch einem deutschen Dichter zuwenden, der ungeachtet mannigfacher Mißerfolge doch in zahlreichen Werken den Beweis geliefert hat, daß er nicht ein auf den Absatz am Markt hinarbeitender Schriftsteller ist, sondern eine echt schöpferische Kraft in ihm lebt

Gerhart Hauptmann hat vorwiegend in naturalistischem Sinne geschaffen, einer Dichtart, die gewöhnlich die Kritik des Zuschauers am lautesten weckt; bei mancher Gelegenheit suchte er den Naturalismus auch auf das historische Drama zu übertragen. Vereinzelte seiner Schöpfungen, gerade solche, die besonders populär geworden sind, bewegen sich jedoch auf dem Boden der Romantik.

Familie Krause in „Vor Sonnenaufgang"

Gerhard Hauptmanns Jugenddrama „Vor Sonnenaufgang" steht im Dienst der Vererbungsidee, wie in gewissem Sinne Ibsens „Gespenster" und die episodische Gestalt des Rank im Puppenheim. Jedoch handelt es sich dort nicht um sexuelle Krankheiten, die dem Nachkommen den Keim zu der gleichen Erkrankung mit auf den Weg gaben, sondern der Alkohol übernimmt hier die Aufgabe der Rache bis ins dritte und vierte Glied.

Das Stück spielt in einem eigenartigen ländlichen Milieu. Auf einem Boden, der landwirtschaftlicher Tätigkeit guten Ertrag brachte, hat die Entdeckung und Ausbeutung von Kohlenlagern eine außerordentliche Wertsteigerung geschaffen und den kleinen Grundbesitzern Riesensummen in den Schoß geworfen. Die goldene Ernte war nicht von Segen, vielmehr brach allenthalben Neigung zu Verschwendung und Völlerei hervor, während die Besitzlosen förmlich zu Bergwerkssklaven entarteten.

Bauerngutsbesitzer Krause ist durch den Alkohol schon auf die tiefste Stufe gesunken, er verläßt nur noch in vorgerückter Nachtstunde das Wirtshaus, sein geistiges Leben geht unter im Alkohol und äußert sich darüber hinaus nur noch in plumpem und dabei ziemlich unbegründetem Stolz auf seine schöne Frau und Töchter.

Seine zweite Frau hat die bäuerliche Erziehung derb überfirnist und betrügt ihren Mann mit einem Nachbarssohn, der ebenfalls durch den unerwarteten Reichtum heruntergekommen ist, tüchtig trinkt und sein blödes Vergnügen im Schießen auf wildes und zahmes Getier findet. Dieser simpelhafte Bursche ist ausersehen für die jüngere der beiden Töchter aus erster Ehe. Das ist die einzige, die sich von dem üblen Einfluß der Umgebung einigermaßen freigehalten hat. Im Töchterpensionat zu Herrnhut wurde sie zu feinerem Empfinden geweckt, doch fühlt sie sich in dem verderblichen Milieu des Elternhauses tief unglücklich, so daß sie auch Gefahr läuft, das bischen erworbene Bildung abzustreifen.

Die älteste der beiden Töchter aus erster Ehe leidet unter dem Fluch des Alkoholismus ihres Vaters. Auch sie hat sich in unmäßigster Weise dem Alkohol ergeben und in ihren beiden Kindern setzt sich der Fluch fort: Das eine stirbt dreijährig am Alkohol, indem es nach einer Branntweinflasche langen wollte, die Essigflasche ergriff, sie fallen ließ und in die Scherben stürzte, worauf es verblutete. Das nächste Kind kommt tot zur Welt.

Der Mann dieser ältesten Tochter ist ein Glücksritter bedenklichster Art; er schloß ausbeuterische Verträge mit den Bauern, die er vorher betrunken gemacht hatte, er lebt schwelgerisch und sucht seine moralisch intakte Schwägerin zu verführen. In dies Milieu tritt ein Studienfreund dieses Mannes, Loth, der nationalökonomische Untersuchungen über die Lage der Kohlenbergarbeiter anstellen will; halb Wissenschaftler, halb sozialdemokratischer Agitator, im Grunde ein echter Idealist. Er hat sich mühsam, unter manchem Schiffbruch, durchgeschlagen und glaubt nun, in der ledigen Tochter des Bauerngutsbesitzers ein unberührtes und kerngesundes Mädchen zu finden, wie er sie sich als Gattin und Mutter seiner Kinder immer erträumt hatte. Vom Arzt wird er nun über den Sumpf von Verworfenheit brüsk aufgeklärt: „Elend! … Durchgängig Suff! Völlerei, Unzucht und infolge davon eine Degeneration auf der ganzen Linie". Der schwärmerische Loth verläßt das Haus des alkoholischen Ruins in jäher Flucht, seine Theorie ist stärker als seine Liebe. Die verlassene Geliebte gibt sich unter diesem Eindruck, der noch verstärkt wird durch die Totgeburt bei ihrer Schwester und den Eintritt des sinnlos betrunkenen Vaters, selbst den Tod.

Eine Nebenfigur Hopslabär stellt einen Schwachsinnigen dar, der sich hausierend und bettelnd durchschlägt und von der rohen Bevölkerung zu albernen Sprüngen gereizt wird.

Das Drama hat ganz die Schwächen einer Jugendarbeit, indem es die Effekte grell steigert, so daß die Gesamtstimmung eine so trostlose wird, wie sie in den blutrünstigsten Tragödien der Literaturgeschichte kaum wieder vorkommt. Selbst bei einem Schritt für Schritt von Mord und Greueln widerhallenden Werk wie Shakespeares Jugenddrama Titus Andronicus ist die Wirkung weniger kraß, weil alles durch die Versetzung in entlegene Zeiten unserem Empfinden fernergerückt und der Eindruck dadurch gemildert wird.

Hauptmann suchte wohl streng realistisch zu arbeiten, aber ob es wirklich ein Vorbild für diese Schreckensfamilie gibt, ist keineswegs wahrscheinlich. Selbst Zolas Alkoholroman Assommoir wirkt nicht so grauenerregend wie das die Ereignisse in konzentrierter Form darbietende Alkoholdrama „Vor Sonnenaufgang". Die Einzelschilderungen freilich bieten immerhin den Eindruck der Lebenswahrheit, wenn auch die Verteilung von Sympathie und Antipathie auf die einzelnen Gestalten etwas zu deutlich in die Augen fällt.

Die zu Grunde liegende Theorie von der verhängnisvollen Wirkung des Alkohols auf die Nachkommenschaft muß freilich vom ärztlichen Standpunkt aus als leider richtig bezeichnet werden. Wenn auch so krasse Fälle nicht gewöhnlich sind und sich noch weniger zur dramatischen Wiedergabe eignen, so trifft es doch durchaus zu, daß der Alkoholmißbrauch der Eltern sich rächt an Kind und Kindeskind. Allerdings braucht es bei den unglücklichen Nachkommen nicht wieder lediglich die Trunksucht zu sein, zu der sie ihr vom trunksüchtigen Vater her erblich belasteter und minderwertiger Organismus treibt, vielmehr kommen noch mancherlei andere Übel und Krankheiten bei den Nachkommen von Trinkern in Frage, Schwachsinn, Epilepsie, verbrecherische Neigungen usw. Es ist nicht zu leugnen, daß Hauptmann mit seiner Lehre von der unheilvollen Bedeutung des Alkohols für die Vererbung den modernen wissenschaftlichen Anschauungen noch treffender gerecht wird als Ibsen.

Hanneles Himmelfahrt

Ein Drama Hauptmanns, Hanneles Himmelfahrt, erscheint auf den ersten Blick wie eine stilwidrige Kombination von Naturalismus und Romantik. Die Handlung ist denkbar einfach. Das halbwüchsige Kind eines verkommenen Säufers, des Maurers Mattern, flieht vor dem brutalen Vater und sucht zur Winterszeit den Tod im Dorfteich. Noch lebend wird es herausgezogen, aber in wenigen Stunden geht es unter Fieberdelirien zu Grunde.

In ein kraß naturalistisches Milieu führt uns das Werk, in ein dörfliches Armenhaus, wo ein paar Menschheitsruinen, darunter auch ein kropfiger Schwachsinniger, ihr kümmerliches Wesen treiben.

   Das kranke Kind erkennt noch den Lehrer, der es retten und ihm helfen will; es zittert aus Angst vor dem Vater, schläft für Momente ein und erwacht dann verwirrt. Kindliche Vorstellungen von der Frau Holle und dem mageren Schneiderlein mischen sich mit Angst und Ekel vor dem Vater; leise Neigung zum jungen Lehrer Gottwald klingt an; Furcht um Todsünden wird wach; die am Bett hängenden Kleider wecken die Vorstellung, der Vater stehe vor ihr. Allein gelassen erblickt die Kranke sofort den drohenden, trunksüchtigen Vater, vor dem flüchtend sie das Bett verläßt. Die Mattern-Halluzination nennt der Dichter selbst die Erscheinung. Allmählich gehen die Äußerungen des Kindes immermehr in ein Delirium über, sie phantasiert von der Hochzeit mit dem Lehrer, atmet Fliederduft und glaubt in der Krankenschwester ihre Mutter zu erblicken. Engel erscheinen, dann tritt einer Angstaufwallung entsprechend der Todesengel hervor, ein komischer Dorf Schneider bringt das Brautgewand, schließlich scheint das Kind bereits gestorben; der Lehrer kommt trauernd mit den Schulkindern und Hannele wird in einen gläsernen Sarg gelegt. Eine Christus-artige Erscheinung mit den Zügen des Lehrers Gottwald tritt auf und treibt den rohen Vater des Kindes zu Gewissensbissen und Selbstmord. Auf einen Wink des fremden Pilgers erhebt sich Hannele aus dem Sarg und schreitet an seiner Seite von Engeln umringt dahin. Lichtglanz und Engelsgesang schwinden, ein flüchtiges Momentbild zeigt zum Schluß Arzt und Diakonissin am Totenbett des Kindes im Armenhaus.

   Es ist zu gestehen, daß die geistig abnormen, deliriösen Züge mit wahrer Meisterschaft geschildert sind. Die Mischung von Wahn und Wirklichkeit, von Angst und Verzückung, der Einschlag erotischer Stimmung, die Personenverwechslung zwischen dem Lehrer und Christus, der Krankenschwester und der toten Mutter, alles das ist mit vornehmer, treffsicherer Kunst gezeichnet.

Minder annehmbar sind biblische Wendungen wie die: „Auf seinem Kopfe wächst blühender Klee" oder „In deinem Gaumen wachsen Maiglöckchen".

Ich muß annehmen, daß der Dichter seine Studien, wenn auch nicht in der Krankheit, so doch in einem den Delirien recht ähnlichen Zustand bei sich selbst gemacht hat, an den Träumen, die auch alle jene eigenartigen Züge aufweisen. Freilich hat er die Welt des Wahns poetisch verklärt und die Erscheinungen gesteigert, aber gerade durch Beimischung von Versen und Musik wird der Kontrast zum Grundmilieu des Stückes, dem Armenhaus, um so deutlicher hervorgehoben.

Mag auch bei diesem, wie bei anderen Werken Hauptmanns die dramatische Entwicklung bemängelt werden, so kann jede psychologische Analyse den rein dichterischen Gehalt des Werkes doch nur am so glänzender erstrahlen lassen. Wenn Hauptmann kein anderes Werk geschrieben hätte, als Hanneles Himmelfahrt, so dürfte man ihn doch um deswillen schon als einen echten Dichter feiern.

Der arme Heinrich und Ottgebe

Gerhart Hauptmanns Jambendrama „Der arme Heinrich" kann uns in diesem Zusammenhang durch den Titelhelden und die Ottegebe interessieren. Die Fabel lehnt sich recht eng an den armen Heinrich des mittelalterlichen Dichters Hartmann von Aue an, der seinerseits lateinischen Vorbilden gefolgt war. Der mit allen Tugenden ausgezeichnete und mit allen Glücksgütern gesegnete, junge Ritter wird vom Aussatz befallen. Nur eine Heilung erscheint möglich:

durch das freiwillig geopferte Herzblut einer reinen Jungfrau. Das Kind eines Bauern, bei dem er resigniert Zuflucht gesucht hat, bietet sich dem Messer des Arztes dar. In diesem Moment lehnt Heinrich ihren Tod ab und ergibt sich der Gnade Gottes. Es tritt dadurch wunderbare Heilung ein und die Bauerstochter wird Heinrichs Frau.

Das Drama führt uns zum Gütchen des Bauersmanns Gottfried. Die Tochter Ottegebe tritt auf als „bleichsüchtiges Kind an der Grenze der Jungfräulichkeit". Sie hat sich geschmückt zum Empfang des Herrn, dessen Jugendgespiel sie vor Jahren war, damals von ihm sein klein Gemahl genannt. Auf Vorhalt der Mutter wegen der roten Schleife im Haar wird sie erst rot, dann blaß, kämpft mit den Tränen, reißt die Schleife aus dem Haar und läuft davon. Schon waren ihr Gerüchte über den Aussatz zu Ohren gekommen. Heinrich tritt auf, eine jugendlich ritterliche Erscheinung, etwas fahl im Gesicht. Zunächst über sein Asyl beglückt, äußert er bald mancherlei Mißstimmung; die rechte Hand verweigert dem treuen Gottfried. Wir hören, daß Ottegebe jüngst vom Siechbett aufstand; „ein seltsamliches Ding, das ihrer Mutter und mir schlaflose Nächte schon gemacht", sagt der Vater. Tatsächlich ist das Gebahren des Mädchens auffallend, etwas maniriert; bald will sie vor Schüchternheit vergehen, bald bricht in „ein kurzes, krankhaft freudiges Lächeln" aus, plötzlich wieder erbleicht sie und blickt scheu, mit furchtsamen Augen erbebend um sich, in höchster Verlegenheit und Bestürzung. Auf eine Anspielung hin wegen des kindlichen Kosenamens „mein klein Gemahl" läuft sie erschrocken und totenblaß davon. Wir hören weiter, daß sie für den Herrn Honigwaben schnitt und sich dabei von den Bienen zerstechen ließ; den Eltern erscheinen Heinrich und Ottegebe gleich unverständlich. Die Mutter berichtet: „Sie fliegt, weint, schwört, sie müsse ihn erlösen".

Die Vermutungen über Heinrichs Aussatz verdichten sich bald. Des Kindes Gedanken weilen bei der Krankheit und der Idee des Opfers. Zum Bauernhof tönt das erschütternde Knarren einer Klapper, wie sie die mittelalterlichen Aussätzigen als Signal führen mußten. Packend schildert das Kind die Szene der Diagnose von Heinrichs Leiden:

> „ … Es war einmal ein Graf,
> Mutter! — Der tanzte mit des Kaisers Tochter
> Im Saal. — Sie war schon heimlich seine Braut! —
> Da rief des Kaisers Leibarzt ihn ganz leise
> Bei Namen und hieß den Jüngling mit ihm gehn:
> Selbander stiegen sie In ein Gezimmer. —
> Dort sprach der Arzt … sprach: Zeig' mir deine Hand!
> Und als der Herr und Fürst die Hand ihm zeigte,
> Wies ihm der Meister ein vertieftes Mal
> In seiner weißen Haut und sagte — das:
> Herr, deine schwerste Stunde ist gekommen,
> Sei standhaft! Du bist unrein."

Der Mutter erscheint das noch als Traum und Märchen, sie meint: „der Herr ist krank, doch einzig in Gemüt." Ottegebe weiß um die mancherlei Legenden über denkbare Heilungen des Aussatzes, vor allem vernahm sie Kunde von dem Meister in Salerno, der mit dem Opferblut einer Jungfrau Aussätzige heilen soll. Sie ist die Dienerin Heinrichs geworden, der sich immer mehr von der Welt zurückzog und einsiedlerisch dahin vegetiert.

Der Ritter ist „vernachlässigt, verstört, blaß", spricht mit hohler, tiefer, bebender, hüstelnder Stimme und zeigt lebhafte Gemütserschütterung. Er verzweifelt an der Menschheit, er ekelt sich vor sich selbst, vor seiner aussätzigen Hand:

> „Er ward lebend'gen Leibs, ein Brocken Aas,

> Geschleudert auf den Aschenkehrichthaufen,
> Wo er sich eine Scherbe lesen darf,
> Um seinen Grind zu schaben."

Das opferbereite Kind folgt seinem Erregungsausbruch; wachsbleich, mit zitternden Lippen und starren Augen, freudig verzückt und aufjauchzend wirft sie sich ihm zu Füßen und überdeckt die kranken Hände mit rasenden Küssen.

Verwildert, strupphaarig gräbt der Kranke sein eigenes Grab. Sein Diener Ottacker, der den Miselsüchtigen sucht, will ihn kaum wiedererkennen, wagt nicht heranzutreten und flieht vor den emporgehobenen Händen Heinrichs. Dieweil liegt Ottegebe regungslos, steif wie ein Holz, seit 50 Stunden da, verschmäht Speise und Trank und stiert mit glasigem Auge den Himmel an. Der Klausner Benedikt sucht sie zu retten. Sie kasteit und geißelt sich selbst; verzückt, mit wächsernem, vergeistigtem Gesicht wandelt sie einher; die blutigen Striemen, sagt sie, ihr wohl; alles um ihre Opferbereitschaft für den Ritter zu offenbaren. Ohnmächtig fällt sie vor dem sie beschwörenden Pater hin. Der kranke Heinrich, scheu und vermummt auftretend, mit Klapper, Stange und Bettelbeutelchen, klammert sich ans Leben an, so elend er sich auch fühlt: „ … So schwatzt im Grunde meines Wahnsinns was, das störrisch prahlt: Ich bin ein Fürst gewesen." Er argwöhnt, wie gebrochen, Ottegebes Tod und bricht röchelnd und weinend zusammen, als er sie lebend trifft. Sie sucht ihn aufzurichten, küßt ihm die Stirn und zieht mit ihm in die Ferne, zum Salerner Arzt, um den Opfertod für den Aussätzigen zu sterben.

Der Schlußakt führt uns auf Heinrichs Schloß Er naht genesen; über seine Heilung berichtet er dem treuen Hartmann und Pater Benedikt ausführlich:

> „Als mich der erste Strahl der Gnade streifte,
> und eine Heilige zu mir niederstieg,

ward ich gereinigt: das Gemeine stob
aus der verdampften und verruchten Brust,
der mörderische Dunst der kalten Seele
entwich, der Haß, der Rachedurst, die Wut,
die Angst — die Raserei, mich aufzuzwingen
den Menschen, sei's auch durch gemeinen Mord,
erstarb. — Doch ich blieb hilflos! Angeklammert
hing ich betäubt an meiner Mittlerin
und folgte blindlings allen ihren Schritten."
„Wir stunden vor dem Arzt — trotz allem, ja,
wie ich euch sagte, unten in Salerne.
Er sprach zu ihr. Er fragte, was sie wolle? —
Sterben für mich. Er staunte, zeigte ihr
die Messer, das Gerat, die Folterbank,
riet zehnmal ab … doch alle seine Worte
beirrten sie nicht einen Augenblick:
da schloß er sich mit ihr in seine Kammer. —
Ich aber … nun, ich weiß nicht, was geschah …
ich hört' ein Brausen, Glanz umzuckte mich
und schnitt mit Brand und Marter in mein Herze.
Ich sah nichts! Einer Türe Splitter flogen,
Blut troff von meinen beiden Fäusten, und
ich schritt — mir schien es — mitten durch die Wand! —
Und nun, ihr Männer, lag sie vor mir, lag,
wie Eva, nackt … lag fest ans Holz gebunden!
Da traf der dritte Strahl der Gnade mich:
Das Wunder war vollbracht, ich war genesen!"

Von Ottegebe erzählt er welter:

„ … Du wirst das Magdlein nicht mehr finden,
wie du's gekannt hast. Noch in jener Stunde,
da ich sie losband von des Meisters Tisch
und mir das zitternde Geschenk des Himmels
davontrug, brach sie in sich selbst zusammen.

> Erst lag sie da, in Fiebern, wochenlang,
> und als sie sich erhob vom Krankenbette,
> war sie verwandelt. Ob die Füße kaum
> sie auch ertrugen, doch bestieg sie nicht
> den Zelter, den ich ihr zur Reise dang.
> Mit Gliedern, schwer wie Blei, an meiner Seite
> mühselig laufend, schien sie mich zu fliehn
> und schaudernd nur ertragt sie meine Nahe."

Ottegebe kommt barfuß nachgepilgert, unter Selbstvorwürfen und wirrer Rede:

> „Ich starb — starb auf dem Altar! ward verzehrt
> von einem harten, wilden, fremden Feuer,
> davon ich loderte im tiefsten Mark.
> Ich wollte schreien: Hölle, laß mich los! —
> Der Laut gerann auf meinen gierigen Lippen.
> Stoß' zu, eh' ich verderbe, schlechter Arzt!
> ächzt' ich. — Umsonst! Die durstigen Glieder sogen
> des Feindes Gift schon lechzend in sich ein.
> Und eh' die Englein Hosianna sangen,
> starb mein Verlangen — an des Satans Brust!"

Sie sinkt tief erschöpft vor dem Thronsessel nieder und schlägt sich die Hand vor das Gesicht. Als Heinrich hinzutritt und sie zum Weib begehrt, blickt sie verzückt und schließt dann das Auge wieder, „wie von einer ungeheuren Lichterscheinung betäubt." Es füllt sich der Saal mit Heinrichs lärmenden Rittern. Ottegebe beginnt im Schlaf zu sprechen: „Solch einen Sturm von Liedern hört' ich nie … Mutter! siehst du nicht … ? — die Krone senkt sich nieder … " Auf der Ritter Frage „Mägdlein, wer bist du?" antwortete sie noch im Schlaf: „Eure Herrin nun!" Heinrich drückt der Schlummernden eine Krone aufs Haupt, Ottegebe erwacht und als Brautleute wechseln sie die Ringe. —

Es handelt sich, den Vorbildern getreu, um eine Heilung des Aussatzes durch Glauben und Opferwilligkeit. Dem Mittelalter galt der Aussatz, die Lepra, als eine der furchtbarsten Geißeln. Uns stellt er sich dar als eine meist tötlich verlaufende, außerordentlich chronische Ansteckungskrankheit, auf Grund bestimmter Bazillen, die in mannigfacher Weise die Körpergewebe durchsetzen und zerstören. Vielfach bilden sich an der Haut und in den inneren Organen Knoten und Verdickungen mit Geschwürsbildung, gewöhnlich unter entstellender Wucherung und Zerfall der betreffenden Körperteile; in anderen Fällen wieder sind vorzugsweise die Nervenbahnen von den Bazillen infiltriert und es ergeben sich mannigfache Folgen aus der Störung des Nervensystems, insbesondere Gefühllosigkeit weiter Hautpartien.

Im Anfangsstadium finden sich vielfach auch psychische Veränderungen, vor allem Abgeschlagenheit, deprimierte Stimmung, Schmerzhaftigkeit usw. Recht treffend ist dem Dichter die Schilderung dieser Schwermut gelungen, die freilich auch durch den Sturz des kranken Ritters aus Glanz ins Elend noch psychisch motiviert ist. Die erwähnte erste Erkennung des Leidens, indem der Leibarzt des Königs dem Kranken den Fleck auf der Hand nachweist, entspricht nicht ganz der Erfahrung, denn gewöhnlich bleiben gerade Handteller, Fußsohlen und behaarte Kopfhaut von leprösen Knoten und Geschwüren frei.

Die Prognose der Krankheit ist durchaus ungünstig, eine wirkliche Heilung ist bisher nicht nachgewiesen. Selbstverständlich wurden seit Alters alle erdenklichen Heilmittel versucht und man war zu den abenteuerlichsten Wunderkuren bereit. Auch die Behandlung durch das Herzblut einer Jungfrau gehört hierher, deren Heilerfolg selbstverständlich durchaus Legende bleibt. Die zweckmäßigste Maßregel war die strengste Abschließung der Kranken von den Gesunden, so daß dadurch die weitere Ausbreitung des Leidens verhütet wurde. Abseits vieler Städte wurden die Aussätzigen in Leproserien untergebracht, die meist nach dem heiligen Georg benannt wurden, St Jürgenasyl und dergleichen; auch in Hamburg war ursprünglich eine Leproserie dem heiligen Georg geweiht, an die sich später der danach benannte Stadtteil und das alte Allgemeine Krankenhaus anschloß. Noch grausamer war die Verbringung der Aussätzigen in die Wälder, wo sie mit einer Klapper umherziehen mußten, damit sich jeder Gesunde rechtzeitig vor der Begegnung flüchten konnte; auf langer Stange ließen sie sich Almosen reichen, um ihr trostloses Leben zu fristen. Dieses Milieu ist von Gerhart Hauptmann recht treffend geschildert, wie es auch in Hardt's Drama Tantris der Narr packend Hervortritt. Lediglich die Heilung ist der dichterischen Phantasie entsprungen, freilich war sie schon von den Vorbildern Hartmanns von Aue besungen worden.

Ottegebe mit ihrer Selbstaufopferungssucht, ihren Kasteiungen, ihren mannigfachen Ohnmachten und Verzückungen trägt ausgesprochen hysterische Züge, freilich von jener mehr passiven, hingebenden Form der Hysterie, die auch heute noch viele derartige Individualitäten zu Aufsehen erregenden Opfertaten veranlaßt. Der Arzt beobachtet des Öfteren derartige Personen, die sich geradezu aufdrängen, um operiert zu werden; manche Hysterische lassen sich ein halb Dutzend Mal den Unterleib aufschneiden, immer wieder kommen sie mit allerhand Klagen, die auf schwere organische Veränderungen hinzudeuten scheinen, während die Operation schließlich keinen krankhaften Befund der Unterleibsorgane ergibt. Eine gewisse Empfindungslosigkeit ermöglicht oft auffallende Selbstverletzungen, Durchstechung der Glieder und Wangen mit Nadeln, Einnähen des Namens mit Nadel und Faden in die Haut der Hand usw. In edlerer Form findet sich eine hysterische Neigung zur Selbstaufopferung und zum Milieu des Krankenhauses wieder bei manchen Krankenschwestern und -pflegerinnen. Verwandte Züge sind es auch, die aus der Lebensgeschichte des heiligen Franz von Assisi berichtet werden. Unter diesen Gesichtspunkten muß die Figur der Ottegebe als sicher entworfen und durchgeführt bezeichnet werden.

Fuhrmann Henschel

45 Jahre alt, in strotzender Manneskraft, ein an Fleiß und Redlichkeit, klug im Rat, bei rauer Außenseite doch voll feinen Empfindens, so tritt Fuhrmann Henschel vor uns hin. Dabei zeigt seine Anlage einen bedachten und grüblerischen Zug und gleichzeitig ein hohes Maß von Gutgläubigkeit und Gutmütigkeit. Schon zu Beginn des Stückes läßt sich eine gewisse Neigung erkennen, alles mögliche Mißgeschick, wie es bei einem Hausstand und großen Fuhrgeschäft unausbleiblich ist, besonders schwer zu nehmen: „s is bale, als war'sch uff mich abgesahnt!" Seine hinsiechende Frau nimmt ihm das Versprechen ab, daß er nach ihrem Tode sich nicht mit der strammen, derben Magd Hanne verheiraten werde.

Ehrlich betrauert er die früh verstorbene Frau, besucht an ihrem Geburtstag in Feierkleidern das Grab und in volkstümlich abergläubischer Weise erfleht er sich betend ein Zeichen von ihr; vergebens. Er sucht mit einem Glas Bier den nagenden Gram wegzuspülen. Gegen seine sonstige tatkräftige Art klagt er jetzt über die Schinderei seines Berufs: „ich has'n reen sat, das Fuhrgeschäfte. Vor mir sull's uffhieren!" Vielsagend klingt schon der ernste Ausgang an: „De Fare schafft ma nunder zum Abdecker, de Wane läßt ma zu Brennhulz zerhacka. Ma selber sieht sich a klee, feste Strickla". Diesen Augenblick paßt die Magd mit ihrer instinktiven Raffiniert blick paßt die Magd mit ihrer instinktiven Raffiniertheit ab und spricht zu ihm vom Verlassen der Stelle. Henschel wird dadurch schon mürbe, so daß er darauf um so eher den Ratschlägen des Hausherrn, sich wieder zu verheiraten, nachgibt und in der Hanne die richtige Frau erblickt.

Als bald darauf das Kind der ersten Frau rasch dahin gestorben war, brachte Henschel seiner zweiten Frau ihr außereheliches Kind ins Haus, in der guten Absicht, ihr eine Freude zu machen und das Kind aus den Händen seines trunksüchtigen Großvaters zu befreien. Unwirsch weist ihn die hartherzige Frau zurecht, sie schämt sich ihres Kindes, obwohl ihr Mann an der außerehelichen Geburt keinen Anstoß genommen hatte. Ohne noch von dem Ehebruch der Hanne zu wissen, fühlt Henschel doch immer mehr, daß er sich zum Sklaven eines Satansweibes gemacht hat. In seiner Verdrossenheit sucht er, der früh gealterte Fuhrherr, seinen Trost im Wirtshaus; seine altbewährte Tüchtigkeit schwindet dahin, die alten Freunde gehen ihm immer deutlicher aus dem Weg. In der Kneipe fallen anzügliche Redensarten. Einen von ihm auf Verlangen der Frau entlassenen langjährigen Knecht wirft Henschel grob vor die Tür. Als auch der Schwager mit Sticheleien über die Untreue der Hanne anfängt, lodert Henschels grimmer Zorn empor, wie mit dem Schraubstock packt der kräftige Mann das Handgelenk des Schwagers und wütend ruft er seine Frau zur Verantwortung. Mit ein paar kecken Worten bezeichnet Hanne die Gerüchte als Lügerei. Gebrochen lächelnd sinkt Henschel in Verzweiflung zusammen.

Er ist nun völlig ein anderer geworden, ein kranker Mann. In einer der nächsten Nächte steht er halb zwei Uhr auf, setzt sich erst ans Fenster und starrt in den Mond. Er bildet sich ein, die Wanduhr sei von der Stelle verhängt worden. Zum Stall hin möchte er. Dann fragt er verstört nach dem Kinde der ersten Frau. Immer wieder sucht er die Tür zu verschließen. Sein Schlaf ist tief gestört. Zweifellos hat er Halluzinationen, er hört in krankhafter Weise eingebildete Stimmen und Geräusche: „Huste's gehiert? Dessa ein Gange kimmt es gelaufa. Hierschte, nu gieht's a de Wasserstaude. Hierschte's planscha? Se stieht und wäscht sich". Er glaubt seine frühere Frau hantieren zu hören. Er spricht mit sich selbst und lauscht den Geräuschen und fremden Stimmen und antwortet ihnen. Vielsagend lautet seine erste Klage zu den eintretenden Nachbarsleuten: „ich ha gar kenn Schlof!" Er möchte selbst etwas einnehmen, fühlt er dazwischen richtig heraus, und sein alter Bekannter rät treffend, er möge den Arzt um Rat fragen. Krankhafte Ideen der Verkleinerung und Selbstbeschuldigung werden laut: „Ich kan mit mir ken'n Stat ni meh' macha ... ich bin ju a allen schuld, ich wiß, daß ich schuld bin". Nun schildert er, daß es schon vor der Krankheit seiner ersten Frau bergab mit ihm gegangen sei, Pferde fielen ihm, sein Spitzhund wurde überfahren, ein Stock zerbrach; es sei auf ihn abgesehen. Dem Tode der ersten Frau folgte der ihres Kindes; jetzt scheint er den Gerüchten nachzugeben, die Hanne für den Tod der beiden verantwortlich machten. Am meisten peinigt ihn, daß er das seiner ersten Frau gegebene Versprechen, Hanne nicht zu heiraten, doch gebrochen habe. Nirgends fühlt er sich mehr vor ihr sicher, er meint, daß sie aus dem Grabe aufstehe, ihm überall nahe, auch bei den Nachbarn umgehe und ihnen den Wortbruch offenbare: „Se kimmt und gieht und hot keene Ruhe. — — — Ich striegle de Fare, do stieht se do. — Ich nahm mr a Sieb vom Futterkasta, do sah ich se hinger dr Thiere quetscha. — Ich will ei's Bette giehn, ein de Kommer, do leit se dinne und sitt mich a. — Se hot mr a Seeger imgehanga, se kloppt a de Wand, se kratzt a de

Scheiba. — Se läht mr a Finger uf de Brust, do will ich ersticka, do muß ich noch Luft schnappa". Schon hat er selbst der skrupellosen Hanne Bedenken erweckt, als er mit dem Messer zu spielen begann. Die guten Ratschläge der Bekannten prallen ab, er hantiert an der Tischschublade, sein Entschluß ist gefaßt: „Enner vo ins muß weicha!" sagt er zur Frau. Er verschwindet in der Kammer und bringt sich um.

Zweifellos wollte ihn der Dichter im letzten Akt als geistig gestört hinstellen. Die offenkundigen Sinnestäuschungen gelten gerade beim Laien als ein untrügliches Symptom, wenn schon die Psychopathologie weiß, daß Ähnliches unter Umständen auch beim Geistesgesunden, etwa in Erschöpfungszuständen, vorkommen kann und auch gerade von geistig besonders hervorragenden Menschen, so von Luther, vereinzelt berichtet worden ist. Der Psychiater Hess hat eine anregende Studie über das Werk geschrieben, die von medizinischem wie vom ästhetischem Standpunkt aus Beifall verdient. Mit Recht betont er, daß von den Geisteskrankheiten, an die man bei Henschel auf den ersten Blick denken muß, die Gehirnerweichung und der chronische Alkoholismus abzulehnen sind. Gegen, erstere spricht der Umstand, daß bei Henschel eigentliche geistige Schwäche wie auch körperliche Symptome wohl fehlen; von chronischem Alkoholismus kann auch nicht die Rede sein, da Henschel erst in den letzten Wochen seines Lebens zu trinken anfing, und zwar offenkundig erst infolge einer bereits in Entwicklung begriffenen Geistesstörung. Am treffendsten paßt die Krankheit tatsächlich zu der Melancholie des Rückbildungsalters, die beim Mann hier und da in den dem Greisenalter vorausgehenden Jahren der Involution auftritt, wenn auch nicht so häufig, wie beim weiblichen Geschlecht, bei dem die Naturveränderung, das Klimakterium der 40er Jahre, eine weit größere Umwälzung des ganzen Organismus bedeutet; wohl paßt es zu unserem Helden, daß er bereits vorzeitig Alterserscheinungen aufweist und mit seinen 45 Jahren schon als der alte Henschel bezeichnet wird.

Wie erwähnt, ist Henschel wohl im letzten Akt schwer geisteskrank, aber sein Leiden kündigt sich schon vorher an. Gewiß hat ihn der häusliche Kummer vor allem zum Trinken getrieben, doch auch die Reaktion auf die schmerzlichen Erlebnisse war schon eine nicht völlig normale. Wäre er noch der Henschel, seinem weit verbreiteten, achtunggebietenden Leumund entsprechend, so hätte er auch mit dem Satansweib Hanne fertig zu werden verstanden, statt sich so kläglich die Zügel der Hausherrschaft aus den Händen reißen zu lassen. Aber man kann nicht einmal sagen, daß der Tod der ersten Frau und die üblen Erlebnisse nach seiner Wiederverheiratung die Erkrankung verschuldet hätten, denn bereits zu Beginn des Stückes ist Henschel nicht mehr der frühere. Schon in seiner Auftrittsszene nimmt er alles mögliche übertrieben schwer und nach dem Trauerfall denkt er bereits ans Aufhängen. Die Erörterungen im fünften Akt, daß es schon mit ihm bergab gehe, lange bevor seine Frau erkrankt war, daß damals schon allerhand Unglück über ihn hereingebrochen sei, wollen freilich nichts weiter besagen, als daß er später nach dem vollen Aufflammen der bereits länger in ihm glimmenden Krankheit die Erinnerung möglichst düster ansieht und seine Beschwerden besonders weit zurückdatiert, wie wir es bei den Kranken recht häufig sehen, die in ihren Grübeleien manchmal bis in die Jugendjahre zurückgreifen. Im ganzen muß man sagen, daß es sich um einen außergewöhnlich tüchtigen, kräftigen, etwas gutmütigen Mann handelt, der gegen die Mitte der vierziger Jahre ganz allmählich von Schwermut und schließlich auch Unentschlossenheit befallen wird, worauf er im sozialen Sinne nachläßt, der üblen Behandlung seitens der zweiten Frau wehrlos ausgesetzt ist, bis schließlich eine schwere Geistesstörung, eine Melancholie bei ihm an den Tag tritt, auf Grund deren er sich selbst das Leben nimmt. Selbstmord auf Grund von Schwermut, einer an sich heilbaren Geistesstörung, ist nicht selten; schätzungsweise sind es in Deutschland einige Tausend Menschen, die sich bei beginnender Geistesstörung, vor allem jener Melancholie, alljährlich umbringen, während sie bei rechtzeitiger Anstaltsunterbringung noch hätten gerettet werden können. Diese psychiatrische Erklärung mildert entschieden die Schuld, die der naive Leser und Besucher des Dramas auf die widerwärtige Hanne zu wälzen geneigt ist. Man kann Immerhin die Möglichkeit zugeben, daß Henschel auch ohne die schlimmen Erlebnisse der zweiten Ehe melancholisch geworden wäre; das Leiden bricht manchmal bei Personen aus, die sich der glücklichsten Lebensverhältnisse und der sorgsamsten Familienangehörigen erfreuen. Immerhin scheint in manchen Fällen eine verschlimmernde und vielleicht auch auslösende Wirkung bei einer bereits bestehenden Disposition zur Melancholie angenommen werden zu können; in diesem Sinne ist die üble Einwirkung der zweiten Frau doch nicht ganz ohne Bedeutung für den tragischen Ausgang.

Durch diese Erwägungen, vor allem den Nach weis, daß eigentlich der Keim des Leidens von Henschel bereits mit auf die Bühne gebracht wird, verliert das Werk vielleicht etwas von der ästhetischerseits immer noch allzu eifrig gesuchten dramatischen Gerechtigkeit. Mag sein, daß in diesem Sinne wieder erörtert werden kann, ob Hauptmanns Werke in strengem Sinne Dramen sind, ob sie nicht eigentlich Lebensstudien in dramatischer Form genannt werden müßten, ähnlich wie auch Hanneles Himmelfahrt als eine Fiebertraumdichtung in naturalistischer Umrahmung bezeichnet werden könnte. Aber gerade als Lebensstudien sind die Werke von echtestem Wert. Psychiatrisch betrachtet ist die Schilderung Henschels von unübertrefflicher, ja geradezu verblüffender Naturtreue. Ich weiß nicht, ob und welche Studien nach der Natur von Hauptmann dafür vorgenommen worden sind. Annehmen sollte man es, da bekanntlich auch das ganze Milieu dieses Dramas getreulich nach dem Leben entworfen worden ist. Die alte Gastwirtschaft „Fuhrmann Henschel" in Bad Salzbrunn in Schlesien bildet das Milieu, das um so echter wiedergegeben werden konnte, als es dicht; bei Hauptmanns Geburtshaus „Zur Kronenquelle" gelegen ist. Tatsächlich bietet das Leben nicht ganz selten Gelegenheit, die langsame Entwicklung einer melancholischen Verstimmung, wie bei Henschel, zu beobachten. Freilich gehört ein außergewöhnlich scharfer Blick dazu, um alle die von der Alltäglichkeit sich abhebenden Nüancen seelischer Entwicklung klar wahrzunehmen, und nur echter dichterischer Kraft, und Intuition gelingt es, die Schilderung eines so verwickelten Innenlebens mit gleicher Meisterschaft festzuhalten, wie es Hauptmann bei seinem Fuhrmann Henschel gelungen ist.

Rose Bernd

Psychiatrisches und juristisches Interesse fand Rose Bernd. Ähnlich wie im „Fuhrmann Henschel" ist auch hier die Fabel verhältnismäßig einfach. Des bigotten alten Bernd Tochter Rose weist die Liebeswerbung des kränkelnden Betbruders Keil zurück und gibt sich dem Erbschulzen Flamm hin, der am Herzen der urgesunden, lebensprühenden Bauernmagd seine unglückliche Ehe mit einer edelsinnigen, alternden, schon jahrelang gelähmten Gattin vergißt. Rose spürt die Folgen des Umgangs, sie läßt sich von der mitfühlenden Frau Flamm das Geständnis entlocken, aber in Verzweiflung über die Nachstellungen eines niederträchtigen Schürzenjägers, des Maschinisten Streckmann, in der Angst davor, er möge ihr Verhältnis mit Flamm ausplaudern, gibt sie sich auch diesem ihrem Feinde hin. Rettung aus ihrer Bedrängnis verspricht sie sich durch die endlich zugestandene Verlobung mit dem Buchbinder Keil. Zwischen diesem und Streckmann kommt es zum Streit, wobei dem kranken Keil das Auge ausgeschlagen wird. Streckmann kommt wegen Körperverletzung unter Anklage, dazu klagt der alte Bernd gegen ihn wegen beleidigender Reden über Rose. Im Vorverfahren beschwören Streckmann wie Flamm ihren Verkehr mit Rose, diese selbst bestreitet aber alles unter Eid. In Verzweiflung, „von verfallenen Gesichtszügen, im Auge einen krankhaften Glanz", kommt sie zu Frau Flamm, die alsbald den Zusammenhang ahnt. Rose leugnet weiter, schließlich schreit sie ihre Erklärung gebrochen heraus: „Ich hoa mich geschaamt!" Am Abend des gleichen Tages äußert Rose Todesgedanken: „ … beim Totengräber vielleicht? … ich kumm uf a ganz besondres Fleckla." In der tiefen Dämmerung sagt sie, „unheimlich lachend", zum Schwesterchen: „Jetze säh ich von dir kee Gesichte! Jetze säh ich an Hand! Jetze säh ich zwee Augen! Jetze Punkte! Martha, ich wer woll blind." Mittlerweile hatte ihr Verlobter die Schwangerschaft erkannt, ohne daß es seine Anhänglichkeit erschüttert, während der alte Vater noch ahnungslos auf den guten Ruf der Tochter baut. Rose tritt herzu, „ihre Haltung ist krampfhaft aufrecht. Das Haar hängt aufgelöst zur Hälfte herunter, zur Hälfte in einen Zopf geflochten. Etwas furchtbar Gefaßtes, bitter Trotziges liegt in Roses Gesicht" Auf den Knieen äußert sie Andeutungen über das Verhängnis, das über sie hereinbricht. In abgerissenen Sätzen läßt sie hören, daß sie geboren hat. Erschöpft und ohnmächtig sinkt sie nieder. Als der Gendarm kommt und sie unterschreiben soll, lacht sie „heraus mit grausig hysterischer Ironie." Sie spricht mit brennenden Augen, tückisch: „Ihr hott mei Kind derwergt", dann in bellendem Tone: „Streckmann? der hat mei Kind derwergt!" Schließlich gesteht sie die Wahrheit: „Was? — Hätt' ich's sonst kenn mit a Hända derwerga? — ich ha mei Kind mit a Hända derwergt!!" Ohnmächtig sinkt sie hin, als der Gendarm zur Verhaftung schreitet.

Das Werk öffnet des Menschenherzens tiefstes Leid und zeigt packende Tragik im schlichten Alltagsgewand. Aber doch sei es rund herausgesagt: Der Muse Gunst hat dem Dichter dabei minder gelächelt als bei Fuhrmann Henschel. Es soll ein Spiegel der Wirklichkeit sein, der Ernteduft deutscher Ackererde weht uns entgegen, unter den deutschen Gesetzen soll es sich abspielen. Dazu paßt nun nicht die eidliche Vernehmung im Vorverfahren; gerade die den tragischen Ausgang beschleunigenden Eidesleistungen von Flamm, Streckmann und Rose sind unstatthaft. Ein deutscher Richter würde eine sichtlich erregte Person, der übrigens auch wohl die vorgeschrittene Schwangerschaft schon anzusehen ist, überhaupt nicht zu einem solchen Eid zulassen. Rose Bernd hat in einer wundervollen Szene des zweiten Aktes der Frau Flamm zu erkennen gegeben, wie es mit ihr steht. Damit unvereinbar ist, daß sie im vierten Akt vor Frau Flamm alles abzuleugnen sucht. Der Dichter sucht mit seinen szenischen Bemerkungen schon etwas Pathologisches anzudeuten. Im dritten Akt bereits spricht Rose „mit wahnsinnigem Ingrimm"; gewiß meint dies der Dichter nur in übertragenem Sinne. Übrigens klingen die Worte zu Streckmann keineswegs ganz naturecht: „Auswendig is a geschniegelt, inwendig is a von Mad'n zerfressen." Daß sich Rose Bernd überhaupt dem Wüstling Streckmann hingegeben hat, ist unglaubwürdig; daß sie sich gegen ihren Willen gebrauchen ließ, ist nach den heutigen Vorstellungen von Notzucht auch nicht recht anzunehmen, denn bei einer absolut widerstrebenden, kräftigen weiblichen Person ist Notzucht überhaupt kaum ausführbar.

Hauptmann fügt in seinen Zwischenbemerkungen einige pathologische Lichter hinzu: Im vierten Akt ringt Rose „die Hände hysterisch vor dem Bild des Knaben"; ihre Augen haben „einen krankhaften Glanz"; im fünften Akt lacht Rose heraus „mit grausig hysterischer Ironie". Wären wir Ärzte doch auch soweit wie die Dichter, den Glanz des Auges in der Diagnostik von Krankheiten so ausgiebig verwenden zu können! Hysterie erscheint mir hier nur als Sammelbegriff für die Abweichungen von der normalen, besonnenen Geistesverfassung. Staatsanwalt Dr. Wulffen hat allerdings in einer juristisch beachtenswerten Studie versucht, aus einer hysterischen Veranlagung der Rose Bernd ihr ganzes Verhalten zu erklären. Ich kann dem nicht beistimmen, denn trotz der Zitierung der Hysterie durch den Dichter benimmt sich Rose keineswegs wie eine hysterische Person. Wohl sucht auch sie zu lügen, aber jedem Unbefangenen wird klar, daß es höchst unüberlegte, ungeschickte Lügen sind, die sie vorbringt. Sie versteht sich im Grunde nicht recht auf Lügen, während die Hysterischen das viel gewandter besorgen können und nicht durch den Zusammenbruch ihres Lügengewebes in die Enge getrieben würden; nie verlegen würden sie immer weiter Finten und Ausflüchte ersinnen, denn sie müssen ja vielfach lügen so gut wie Atem holen. Auch die folgenschwere Gewalttat, der Kindsmord, wäre für eine Hysterische etwas Ungewöhnliches. Gewiß pflegen manche Hysterische mit frei erfundenen Notzuchtsbeschuldigungen Sensation hervorzurufen. Aber bei Roses Vorwurf der Notzucht gegen Streckmann handelt es sich ja um keine freie Erfindung, sondern sie sucht dadurch nur ihren zweifellosen Verkehr mit ihm zu beschönigen. Die ganze sinnlich kräftige, kerngesunde Anlage Rose Bernds würde verschoben, das Interesse an dem tiefen Fall des prächtig entwickelten Menschenkindes geschmälert, wenn wir bei ihr wirklich eine Hysterie annehmen wollten.

Aber ebensowenig kann ich mich mit der Annahme von Oberarzt Dr. Heß befreunden, der das Drama in Form eines Gutachtens höchst anregend behandelt hat. Er stellt die Diagnose auf Katatonie und möchte Rose Bernd wegen eines zur Zeit der Begehung der strafbaren Handlungen vorhandenen Zustandes von krankhafter Störung der Geistestätigkeit, durch welchen die freie Willensbestimmung ausgeschlossen war, freisprechen. Seine Indizien für diese Diagnose erscheinen mir gänzlich unzureichend. Die Reden vom Sterben sind nichts Charakteristisches für diese Art von Störung und kommen doch auch bei normalen Menschen oft genug vor. Die eigenartigen Äußerungen zur kleinen Schwester, die Rose im dämmerigen Raum nicht recht zu sehen glaubt, erinnern keineswegs an die Sinnestäuschungen der Katatoniker; meines Erachtens wollte der Dichter damit die Erschwerung im Gebrauch des Sinnesorgans infolge der exzessiven Aufregung und Anstrengung nach der heimlichen Geburt malen. Der Eid war gewiß sinnlos, da ihr Zustand nicht lange verborgen bleiben konnte; aber tatsächlich hatte sie ihn bis zu dem Tage doch wenigstens ihrem Vater zu verbergen gewußt und sie konnte immer noch einen Schimmer von Hoffnung haben, daß die baldige Heirat mit Keil alles weitere verschleiern würde; wir müssen auch daran denken, wie das Verharren in bewußter Unwahrheit provoziert werden kann auf Grund eines psychischen Prozesses, der bei Rose sowohl durch die mannigfachen Anfeindungen in der Umgebung wie auch durch die verständnislose Erziehung seitens des bigotten Vaters motiviert ist. Auffallend rasch ist nach der gerichtlichen Vernehmung und der Szene bei Frau Flamm die Geburt erfolgt, offenbar infolge der Erregung etwas vor der Zeit. Daß daraufhin Rose zu Ohnmachten neigt, ist aus der Anstrengung des Geburtsaktes mit seinem Blutverlust ausreichend erklärt. Die Reden, daß die anderen, daß Streckmann ihr Kind erwürgt hätten, sollen wohl verzweiflungsvolle Vorwürfe gegen die Umgebung sein, gegen die Feinde und die Verständnislosen, in denen Rose die intellektuellen Urheber ihrer Tat erblickt. Kurz, was auch für Katatonie angeführt worden sein mag, alles erscheint mir lediglich der Ausdruck lebhafter Erregung und Verzweiflung eines an sich geistesgesunden Mädchens, das freilich durch die Not, den abspannenden Geburtsakt und die von allen Seiten über sie hereinbrechenden Gefahren in ihrem seelischen Gleichgewicht erschüttert war, ohne deshalb wirklich hysterisch zu sein oder an Katatonie zu erkranken.

Auch in den praktischen Schlußfolgerungen stimme ich mit Heß nicht überein, der freilich noch andere, treffende Einwände gegen das Drama erhob. Rose Bernd war beim Meineid wie beim Kindsmord nicht unzurechnungsfähig. Von sentimentalen Erwägungen über Schuld und Sühne weiß ich mich dabei durchaus frei. Wulffen hat insoweit Recht, als durch die drückende Situation und Abspannung wohl die Zurechnungsfähigkeit vermindert ist. Aber gerade beim Kindsmord seitens der ledigen Mutter bei oder sofort nach der Geburt hat ja schon das Strafgesetzbuch diesen Umständen Rechnung getragen, indem es ihn nicht wie jeden anderen Mord mit dem Tode bedroht, sondern nach §217 eine geringere Strafe, bei mildernden Umständen nur zwei Jahre Gefängnis, vorsieht. Weiter hätte ein Gerichtshof nicht gehen können, während nach dem neuen Vorentwurf eines Strafgesetzbuches tatsächlich die Bestimmungen über verminderte Zurechnungsfähigkeit hätten in Frage kommen können. Gerade deshalb möchte ich diese Erörterungen nicht unterdrücken, weil die Dichtung mit einer gewissen Absicht auf dem Hintergrunde der ge-

genwärtigen Verhältnisse und der herrschenden Gesetze aufgebaut ist. Als Schilderung eines durch ihre Notlage und eine verständnislose Umgebung zur Verzweiflung getriebenen Mädchens, als poetische Verherrlichung des Weibes als Opfer seiner Liebe, ist die Dichtung gewiß hoch zu bewerten. Vielleicht würde sie noch reineren Genuß bringen, wenn nicht nur die juristischen Fehler vermieden, sondern auch die psychiatrischen Glanzlichter weggewischt wären.

Noch eine Reihe von Dichtungen Hauptmanns streifen das pathologische Gebiet. Erinnert sei an das Friedensfest, an den Alkoholismus im „Kollegen Crampton" und in „Schluck und Jau" und anderwärts, an die progressive Paralyse des Schusters Fielitz im „Roten Hahn", an das Motiv der Hypnose in „Und Pippa tanzt". Alles das zu untersuchen, würde weit über den geplanten Rahmen dieser Darstellung hinausgehen. Der Beispiele sind genug gegeben, die dartun können, daß gerade ein moderner Dichter, der bestrebt ist, naturgetreu und lebenswahr zu wirken, so ungemein vielfältig dazu gelangt, auch pathologische Gestalten vor uns erscheinen zu lassen, denn das Leben ist es, das solche Gestalten schafft und sie in der Regel weit häufiger auch in die Kreise unseres Alltags eingreifen läßt, als der Unbefangene sich zunächst träumen lassen mag. Wir müssen gestehen, daß sich der Dichter im ganzen mit unverkennbarem Glück bemüht hat, auch die pathologischen Naturerscheinungen in scharfen Umrissen und echten Farben zu schildern und so den Blick des Genießenden auch für die pathologischen Nuancen der menschlichen Seele empfindlicher zu machen. Nicht kindlicher Widerwille vor dem Krankhaften wird dadurch großgezogen, sondern Empfindsamkeit für eigenartige psychische Erscheinungen erweckt, die nun einmal doch auch von der Natur in ihrer unendlichen Mannigfaltigkeit geschaffen sind. Gerade durch die pathologischen Gestalten erfährt die immer noch herrschende Schulregel von Schuld und Sühne als Grundgedanke des Dramas eine heilsame Korrektur. Es sind bei ihnen nicht mehr die normalen Motive, sondern bei den leicht psychopathischen Menschen pflegt das Einzelmotiv vielfach in exzessiver Weise zu wirken, bei den schwer Geisteskranken fällt jede Motivierung weg. Wenn wir Erscheinungen wie Lear oder Henschel in ihren letzten Akten auch nicht als dauernd Kranke, von der ersten Szene bis zum Fallen des Vorhangs, genießen möchten, weil dann die Entwicklung des Charakters ganz ausgeschlossen wäre, so packt uns das Drama doch, indem allmählich der Held aus dem Bereich der alltäglichen, gesunden Motivierung heraus von den Fesseln der Krankheit umschlungen wird. Freilich entfällt dann eine vollbefriedigende Antwort auf die Frage nach Schuld und Sühne, aber doch wirkt das Drama auf uns erschütternd und auch reinigend, denn es zeigt uns mit elementarer Gewalt, in rätselaufhellendem Licht ein großes Stück Menschenlebens. Mag es der irre Britenkönig oder Fausts verlassene Geliebte, mag es der Phantast Peer Gynt oder Oswald Alwing, der schlesische Fuhrmann oder das Kind Hannele Mattern sein, allenthalben können wir doch das nachfühlen, was unser Schiller, über die Theorien scholastischer Exegeten und Ästheten hinwegschreitend, gefordert hat: „Das große gewaltige Schicksal, welches den Menschen erhebt, wenn es den Menschen zermalmt!"

Bei Hauptmann wie bei Ibsen, bei Shakespeare und ebenfalls bei Goethe sahen wir, wie der Dichter in seinen Schöpfungen uns eine reichliche Fülle abnormer Charaktere in dem mannigfaltigsten Sinne dieses Begriffes darbietet. Bald bringt ein Werk schwere Geistesstörungen auf die Bühne, vielfach freilich auf Grund unzutreffender Voraussetzungen, als Konsequenz unmöglicher Ursachen, als extrem gewucherte Leidenschaften. Bald aber sucht das Drama die Irrsinnsfälle in glaubhafter Weise als Folge natürlicher Ursachen, vor allem der Vererbung, zu verwerten.

Bei zahlreichen Gestalten handelt es sich um leichtere Psychopathen, um jene Außerdurchschnittsmenschen, die vor allem im modernen Drama, das ja auf das illusionsfördernde historische Kolorit verzichtet, ganz besonders geeignet erscheinen, den Einfluß des Milieus lebhafter an den Tag treten zu lassen.

Diese häufige Verwendung abnormer Persönlichkeiten läßt erkennen, wie sehr sich die Dichter eine Wirkung davon versprechen, wenn sie in ihren Charakteren von dem Alltäglichen abgehen. Sie müssen sich daher wohl die psychiatrische Betrachtung gefallen lassen, die freilich nicht in pedantische Splitterrichterei ausarten darf.

Die Werke der Dichter zeigen unverkennbar, wie das Psychopathologische, die leichten Schwankungen um die Gleichgewichtslage der Norm herum, eine große, bedeutsame Rolle im Leben spielen, wichtiger jedenfalls, als es sich das Publikum im Alltagsverkehr gewöhnlich träumen läßt. Der weitreichende Einfluß des Pathologischen spiegelt sich auch darin wieder, daß Ibsen oft genug, nicht weniger als zehnmal, die Ärzte selber auf die Bühne bringt und ihnen vielfach geradezu die Stelle des Chorus der alten Tragödie anvertraut.

Wer die dramatischen Werke so betrachtet, wird mir zugeben, daß es keineswegs ärztliche Absicht ist, möglichst vielerlei Menschen mit dem Stempel des Krankhaften zu versehen, wohl aber darf das in leichten Schwankungen und Regungen ungemein verbreitete Pathologische aufgespürt und in seiner Bedeutung gewürdigt werden, schon damit seinem etwaigen unheilvollen Einfluß entgegengearbeitet werden kann. Es wäre um die Menschheit besser bestellt, wenn sie in diesem Sinne den Arzt häufiger und verständnisvoller hören würde, vor allem auch seine Ratschläge in Hinsicht auf die Erkennung abnormer Züge, auf deren Überwindung und auf die Erhaltung möglichst günstiger, hygienischer Lebensbedingungen, in körperlicher wie in geistiger Beziehung. Nur zum Segen der Menschheit könnte es gereichen, wenn die Prophezeiung eines großen Arztes und Denkers wie Möbius sich bewahrheiten würde, daß der seelenkundige Arzt sein solle „ein Richter in allen menschlichen Dingen, ein Lehrer des Juristen und Theologen, ein Führer des Historikers und Schriftstellers".

Editorische Notiz

Der Text der vorliegenden Edition folgt der Erstausgabe: Wilhelm Weygandt: Abnorme Charaktere in der dramatischen Literatur — Shakespeare - Goethe - Ibsen - Gerhart Hauptmann. Verlag von Leopold Voss, Hamburg und Leipzig 1910.

Die Orthographie wurde behutsam modernisiert, der originale Lautstand und grammatikalische Eigenheiten bleiben gewahrt. Die Interpunktion erfolgt der Druckvorlage.